Kurz

Neue Satiren von Hans Scheibner

und

giftig

Ellert & Richter Verlag

Inhalt

8   Ich warne Sie!

Eierverschwendung und Dieselmelken

12   Wir lieben unsere Angela
14   Eierverschwendung
16   Keiner weiß was
18   Sexarbeiterinnentag
20   Alles Einbildung
22   Tragisch
24   Friesischer Grauburgunder
26   Gesetz ist Gesetz
28   Alles schiefgelaufen
30   Hör mal, Missfelder!
32   Ekliges Thema
34   Im Reisebüro
36   Ekel Sarrazin
38   Dieselmelken
40   Jetzt gehts los!
42   Lustige Woche

Ein Kühlschrank namens Olaf

46   Wir armen Menschen
48   Endlich schuldenfrei
50   HSH im Puff

52	Angst vorm Nachlassen der Angst
54	In Lebensgefahr
56	Größer als Madoff
58	Neujahrsansprache
60	Piraterie
62	Das große Elend
64	Alles halb so schlimm
66	Angst um Deutschland
68	Werd ich alles lesen!
70	Zum Fürchten
72	Halleluja!!
74	Wunderbarer Urlaub
76	Ein Kühlschrank namens Olaf

Allah kommt nicht zum Karneval

80	Finster! Finster!
82	Nationaler Notstand
84	Unheilbar gesund
86	Abgehört
88	Alles uninteressant!
90	Plus und Minus
92	Die Bienen hauen ab
94	Echt echt oder unecht echt
96	Entschuldigen Sie bitte

98 Allah kommt nicht zum Karneval

100 Hungerhilfe

102 In 24 110 Jahren

104 Irgendwann wird alles gut

106 Kampf am Strand

108 Die Kondom-Sachverständigen

110 Pfingsterleuchtung

Wir sind Papst

114 Zahn um Zahn!

116 Speak German!

118 Gartensymphonie

120 Schön ist die Welt

122 Machtgefühl

124 Ein Kampf um Rom

126 Auto-Gejammer

128 Tragödie

130 Am Morgen danach

132 Blumen per E-Mail

134 Revolution

136 Sicher reisen

138 Wir sind Papst

140 Die abstrakte Gefahr

142 Tödliche Schokolade

Auch ich war gedopt!

146 Bleibeprämie

148 Angela als Einzige!

150 Alles super!

152 Alles für die EU

154 Der Krieg und der Frühling sind da

156 Warme Gedanken

158 Verdächtig, verdächtig!

160 Vaterschaftskomplexe

162 Valentinstag

164 Urlaubsvorbereitungen

166 Auch ich war gedopt!

168 Tapfer, tapfer!

170 Sodbrennen

172 Rauchen wieder erwünscht!

174 Schweinerei

176 Autor/Impressum

Ich warne Sie!

„Ich warne Sie! Noch nie hat ein Chefredakteur meine Kolumne überlebt." Hans Scheibner und ich saßen uns an einem großen langen Tisch in seinem Hamburger Haus gegenüber. Er den schweren, schwarzen Flügel im Nacken, ich mit dem Rücken zur Wand. Es war mir zwar gelungen, den scharfzüngigen Satiriker und Poeten als wöchentlichen Autor für unsere Zeitungsgruppe zu gewinnen. Aber was würde folgen? Jeden Sonnabend Leser-Aufstand? Kleinkrieg mit dem Autor, der kurz und giftig übers Ziel hinausschießt? Endstation Kadi?

Aus dem Experiment wurde so etwas wie eine Erfolgsstory, was Hans Scheibner verächtlich mit dem Hinweis kommentieren würde, dass er dann ja wohl etwas falsch gemacht haben müsse. Natürlich gab es immer wieder Leser-Proteste. Vereinzelt bestellten Abonnenten unter Hinweis auf das sonnabendliche Lästermaul die Zeitung ab. Andere Leserinnen und Leser wiederum machten den Fortbestand ihres Abonnements von den wöchentlichen „Zwischenrufen" Scheibners abhängig.

Der Chefredakteur hats überlebt. Altersmilde des Kolumnisten? Nein, in seinen Beiträgen kennt er kein Pardon. Aber manchmal drohte er mit dem sofortigen

Abbruch der Beziehungen, weil ihn die Redaktion mal wieder nicht zurückgerufen hatte oder ihn anderes nervte. Unsere Abbitten hat er bislang immer noch erhört. Ein Glück. Die Zeitungslandschaft wäre ohne diese kurzen und giftigen, ohne diese bissigen, bedenkenswerten Einwürfe ärmer.

Danke, Scheibner.

Stephan Richter
Chefredakteur der Zeitungen des
Schleswig-Holsteinischen Zeitungsverlags

1

Eierverschwendung und Dieselmelken

Wir lieben unsere Angela

Hallo, liebe Freundinnen und Freunde, aber vor allem:

Um Gottes willen, Gnade – ihr grausamen Islamisten. Wir wollen auch nie wieder eine Mohammed-Karikatur veröffentlichen. Aber bitte, bitte, lasst uns unsere Angela Merkel. Was sollen wir denn jetzt machen, wenn ihr sie mit Hitler vergleicht. Jetzt müssen wir sie in Schutz nehmen. Das haben wir Satiriker, Karikaturisten und Kabarettisten ja noch nie getan. Angela Merkel mit Adolf Hitler vergleichen – das macht uns ganz fertig. Unseretwegen könnt ihr sie mit Margaret Thatcher oder mit Miss Piggy vergleichen (ja, das wär doch mal in eurem Sinne), von uns aus auch mit Kaspers Butterhexe – da machen wir immer noch mit –, aber doch nicht mit Hitler. Jetzt müssen wir sie verteidigen: „Wir verbitten uns jegliche Verunglimpfung unserer besten Witzfigur ... äh, Kanzlerin wollte ich sagen!"

Habt ihr überhaupt eine Ahnung, wie schwierig es sowieso schon in letzter Zeit für uns ist, in altbewährter Weise über sie herzufallen? Irgendein Schönheitschirurg scheint jeden Tag an ihr rumzumachen – sie lässt kaum noch die Lefzen hängen, sie hat manchmal mädchenhaft rote Wangen. Das irritiert uns. Bis sie

Kanzlerin wurde, haben wir zum Beispiel gesungen: „Für Frauen haben wir viel Verständnis und Sinn / das sieht man an unserer Kanzlerin / Man braucht sie nur einmal im Fernsehn zu sehn / schon find't man die eigene Frau wieder schön!"

Aber der Vers scheint von Tag zu Tag weniger zu stimmen. Einige hatten ja schon mal vorgeschlagen: Eure Burka, die Ganzkörperverschleierung, wäre für viele Frauen eine Diskriminierung, aber für einige auch von großem Vorteil – wenn ihr wisst, was ich meine. Alle diese herrlichen Beleidigungen unserer Kanzlerin habt ihr uns nun verdorben. Aber viele von uns haben davon gelebt.

Nein, jetzt ist Schluss. Wenn ihr Angela mit dem Arschloch Adolf vergleicht, dann sagen wir Satiriker: Das ist gemein! Das ist unter eurem Niveau. Wir lieben unsere Angela! – So, das habt ihr nun davon!

Eierverschwendung

Sehr geehrte Damen und Herren Eierwerfer! Was denken Sie sich eigentlich dabei, gute, frische Hühnereier auf den FDP-Vorsitzenden zu werfen? Es handelte sich um noch genießbare Lebensmittel, meine Herrschaften. Und es ist nicht nur ein Hühnerei verschwendet worden, sondern gleich zwei – das zweite landete backstage. Mit Lebensmitteln spielt man nicht. Lebensmittel verschwendet man nicht einfach, und schon gar nicht an den Kopf von Guido Westerwelle. (Und dann auch noch an den Hinterkopf, wo sowieso nichts drin ist. Außer: Ich muss Karriere machen!) Als Eierwerfer sind selbstverständlich wieder irgendwelche Chaoten aus dem linken Parteienspektrum verdächtig. Die kaufen, wie man weiß, sowieso nur Bio-Eier. Bio-Eier kosten heute schon um sechzig Cent das Stück. Also ein Euro zwanzig verschwendet – nur wegen so aufregender Ausrufe des Vorsitzenden wie „Arbeit muss sich wieder lohnen!" (für die Arbeitgeber). Oder: „Es ist ein Unterschied, ob wir mitregieren oder nicht!" Oha!, welch eine Aussage! Und wenn der Eierwerfer ein Opel-Mitarbeiter war, der vergeblich darauf gewartet hatte, dass der Vorsitzende der Besserverdienenden sich für die Arbeitsplätze bei Opel einsetzt – so war es immer noch reine Lebensmittelverschwendung. Wieso wird hierzulande eigentlich immer mit Eiern geworfen? Andernorts zieht man sich die Schuhe aus und lässt sie durch die Luft wirbeln.

Mit einem Wort: Dieser Eierwurf ging nach hinten los. Wenn der neue Guido davon fantasiert, dass Steuerhinterziehungsoasen nicht so genannt werden dürfen – mein Gott, da nimmt man doch kein gutes, frisches Ei – da genügt doch nun wirklich – ein faules!

Keiner weiß was

Also nee – ich mach mir jetzt allmählich richtig Sorgen um die Führungskräfte in unserer Gesellschaft. Haben die alle die Alzheimer-Krankheit? Immer wieder heißt es: Wir wussten von nichts.

Der Mehdorn zum Beispiel, der ehemalige Chef der Deutschen Bahn: Alle seine Mitarbeiter standen unter Verdacht, dass sie heimlich private Geschäfte machen und sich auf Kosten der Bahn bereichern. Alle sind sie abgehört worden und ihre Bankdaten und Personalien und Telefonnummern wurden genau verglichen. Aber der Mehdorn hat das nicht gewusst. Fährt jeden Tag in seine Luxus-Büroetage in Berlin, sagt immer freundlich jedem Mitarbeiter Guten Tag und lächelt dazu – aber er hat nichts gewusst.

Wie kann das angehen?

Oder noch viel schlimmer: der Heilige Vater, der Stellvertreter Gottes. Er hat gar nicht gewusst, sagt er, dass dieser Bischof Williams den Holocaust leugnet. Da fragt man sich doch:

Hat er denn als Stellvertreter Gottes nicht mal Zugang zu den betreffenden Akten seines Vorgesetzten?

Ich wollte es unbedingt wissen. Darum habe ich meine Mutter angerufen. Im Himmel. Die schwebt da oben ja schon jahrelang herum. Ich frage: „Mama, was sagt denn der liebe Gott zu dieser ganzen peinlichen Geschichte da mit seinem Stellvertreter? Kriegt der Papst jetzt einen Verweis vom Chef?" Nach einem halben Tag hat meine Mutter zurückgerufen: „Der Chef hat gesagt: Er weiß nichts davon. Stellvertreter? Papst kennt er gar nicht, sagt er. Wer soll das denn sein?"

Sexarbeiterinnentag

Ehefrau: Jürgen, sag doch mal, wie oft warst du in deinem Leben eigentlich schon im Bordell?

Ehemann: Wie bitte? Was soll das denn? Ich war noch nie im Bordell!

Frau: Ach, tu doch nicht so, Jürgen. Alle Männer waren schon mal im Bordell oder haben es mit einer Hure gemacht.

Mann: Was ist denn los mir dir, Hilde? Wie kommst du denn jetzt plötzlich auf so eine blöde Frage?

Frau: Ja, weil ich grade gelesen hab: Am 2. Juni war internationaler Hurentag.

Mann: Aha. Und was haben die da gemacht? Geile Stellungen und Techniken ausgetauscht oder was?

Frau: Im Gegenteil, sie haben beraten, wie sie ihre Rechte verteidigen und verbessern können.

Mann: Rechte? Was denn für Rechte bitte?

Frau: Das solltest du aber wissen, wenn du mal öfter ins Bordell gehst ...

Mann: Hör damit auf, Hilde! Ich war noch nie im Bordell. Verstanden?

Frau: Ich mein ja auch nur: Seit dem 1. Juni 2002 gibt es wenigstens in Deutschland das Prostitutionsgesetz. Darin sind die Rechte der Sexarbeiterinnen festgelegt.

Mann: Sexarbeiterinnen – wie niedlich.

Frau: Wieso, das ist doch gut und vernünftig. Dass diese Frauen sich auch mal bisschen absichern können. Sie haben ein Recht auf Krankenkasse und Sozialversicherung. Und sie können jetzt auch mal so einen Freier verklagen, wenn der nicht bezahlen wollte!

Mann: Also, das ist ja nun der allergrößte Blödsinn. Bezahlt wird im Bordell nämlich immer vorher. Das hab ich noch nie erlebt, dass ... äh ... ach, lass mich doch zufrieden!

Alles Einbildung

Wohin man auch hört: Alle sind erkältet. Meine Frau ist erkältet, der Postbote ist erkältet, unsere Bäckersfrau ist erkältet, sogar der Arzt ist erkältet. Das ist eigentlich gar nicht zu begreifen. Denn alle wissen doch auch, was man dagegen tun muss. Unsere Oma sagt: Kamillentee inhalieren. Unsere Nachbarin sagt: Meditonsin! Nur einen Tag einnehmen, schon ist die Erkältung verschwunden. Die Mutter der Freundin unserer Tochter sagt: Aspirin. Das ist überhaupt das Einzige, sagt sie. Dabei musste sie allerdings niesen. Die Frau vom Wochenmarkt-Gemüsestand sagt: Alles Unsinn. Es gibt nur ein einziges Mittel: Hagebutten! Trinken Sie Hagebuttentee – und in zwei Tagen sind Sie die Erkältung los. Oma Kröger von nebenan sagt dagegen: Wadenwickel! Zu Bett gehen, ordentlich schwitzen und Wadenwickel. Kalte Wadenwickel. Wenn das Laken dann nass ist vom Schweiß, sagt Oma Kröger, ist die Erkältung weg. Ihr Mann sagt allerdings: Das ist alles Blödsinn. Das Einzige, was hilft, ist ein Rumgrog – pro Stunde. Bisschen Wasser, ordentlich viel Rum. Bazillen sterben ab vom Alkohol, sagt er. Unser Steuerberater allerdings kann über alle diese Leute nur den Kopf schütteln: Alles Einbildung, sagt er. Erkältung ist in Wirklichkeit Einbildung. Wer Medikamente nimmt, erkennt die Erkältung an und dadurch wird sie dann erst eine. Deshalb ist das Einzige: Ignorieren. Einfach ignorieren. Der menschliche Wille ist stärker als eine Infektion, sagt er. Ich will nicht erkältet sein, also bin ich es auch nicht. Bei diesen Worten tränten ihm die Augen, die Nase lief, er schnäuzte sich. Bisschen Halsschmerzen hab ich, sagte er. Aber die bilde ich mir auch noch wieder weg!

Tragisch

Mein Gott, die tragische Rolle der BILD-Zeitung bei diesem Amoklauf von Winnenden ist überhaupt noch nicht genügend gewürdigt worden. BILD war ja immer dabei. Die waren sogar mit im Klassenzimmer, wie der Tim K. auf die Mädchen geschossen hat. Sie haben direkt hinter ihm gestanden. Das konnte man ganz deutlich in der BILD-Zeitung sehen. Na ja, der Reporter hatte grade keine Kamera dabei, deswegen musste er das nachher aus dem Gedächtnis aufzeichnen. Aber welch ein tragischer Gewissenskonflikt. Leicht hätte die BILD-Zeitung als solche in das Geschehen eingreifen können. Das Verbrechen verhindern. Aber das ging nicht: Die Berichterstatterpflicht ging nun mal vor.

Das hat ja auch der Chefredakteur im Morgenmagazin von ARD und ZDF extra noch einmal gesagt: Der Leser hat ein Recht auf erschöpfende Information. Und was wir nicht fotografieren konnten, das können wir ja immer noch aufmalen. Die Moderatorin fragte ihn ganz höflich: „War das eigentlich wirklich nötig, dass Sie nun auch noch dieses Amateurvideo auf die erste Seite stellen, wo man sieht, wie der Amokläufer sich erschießt?" Ja, selbstverständlich ist das nötig. Das sind wir dem Leser schuldig. Es darf ihm doch kein grausames Ereignis vorenthalten werden. Wie gesagt:

BILD war immer dabei – mit und ohne Kamera. Bewundernswert die Beherrschung der Reporter.

Sie waren direkt bei den Morden dabei. Aber sie mussten ja berichten, das geht ja vor. Ich glaube, dieser Tim K. hätte sich mal bei BILD bewerben sollen. Aber die hätten ihn wahrscheinlich nicht genommen. Der Junge war einfach nicht blutrünstig und brutal genug für so einen Job bei der BILD-Zeitung. Tragisch.

Friesischer Grauburgunder

Neulich war Europawahl. Und immer noch gibt es Menschen, die am Sinn dieser parlamentarischen Einrichtung zweifeln. Da hört man dann nur: Banane! Oder Gurkenkrümmung und so weiter. Aber immer mehr stellt sich heraus, dass viele Gesetze der EU, die manchem anfangs unsinnig vorkamen, um nicht zu sagen: blödsinnig, sich doch als segensreich erwiesen. Brüssel hatte mal wieder den Weitblick.

Nur als Beispiel: Die schleswig-holsteinische Landesregierung hat die gesetzlichen Regelungen für den Weinanbau festgelegt. Darin wird unter anderem bestimmt, welche Rebsorten verwendet werden dürfen. Als Anbaugebiet kommt vor allem Nordfriesland in Frage. Also freuen wir uns jetzt schon mal auf den Husumer Krabben-Grauburgunder oder den Eiderstedter Schellfisch-Chardonnay sowie den traumhaft süßen Dagebüller Eiswein mit Seestern.

Und wer da wieder spotten sollte: Weinanbau im flachen Norden – da zieht sich mir doch alles zusammen!, der hat keine Ahnung. Denn Brüssel hat doch auch vorausschauend dafür gesorgt, dass in Schleswig-Holstein bald schon die Berge zum Weinanbau entstehen. Schon 2004 wurde in Schleswig-Holstein auf Brüssels Initiative hin das Seilbahngesetz beschlossen. Was hätte ein Seilbahngesetz für einen Sinn, wenn es gar keine Berge gäbe? Ergo: Die entstehen jetzt demnächst in Nordfriesland. Mit mehreren kleinen Erdbeben muss leider gerechnet werden. Aber dann ist es so weit: Die nordfriesischen Weinberge sind entstanden. Schleswig-Holstein, meerumschlungen – und berühmt für seine ausgereiften Weine!

Gesetz ist Gesetz

Jetzt bin ich aber enttäuscht. Knöllchen-Horst darf Falschparker nicht mehr anzeigen. Knöllchen-Horst aus Osterode, der unerbittliche pflichtbewusste Verfolger aller Übertreter der Verkehrsordnung. Und warum darf er es nicht mehr? Weil der Arbeitsaufwand der Straßenverkehrsbehörde zu groß wird. Knöllchen-Horst hat immerhin schon zwanzigtausend Anzeigen erstattet. Aber darf es denn für unsere unerbittlichen Hüter der Straßenverkehrsordnung überhaupt einen Grund geben, Verstöße nicht zu verfolgen?

Ich hatte neulich Zahnschmerzen. Vorm Haus des Zahnarztes ist eine Haltebucht für fünf Fahrzeuge. Aber da steht ein Schild: Parken nur für zwei Stunden. Als ich ankam, war die ganze Parkbucht leer. Als ich nach zweieinhalb Stunden wieder abfuhr, war sie immer noch leer – bis auf meinen Wagen. Aber ich hatte ein Knöllchen: Parkzeit-Überschreitung. Ich legte Einspruch ein: Wenn doch überhaupt kein anderes Fahrzeug parken wollte, hat doch die begrenzte Parkzeit gar keinen Sinn. Abgelehnt.

Mit der Begründung: Gesetz ist Gesetz. Gesetz muss keinen Sinn haben. Muss nur befolgt werden.

Diese höhere Weisheit habe ich natürlich verinnerlicht. Aber dann möchte ich auch darum bitten, gefälligst alle Anzeigen von Knöllchen-Horst zu bearbeiten. Gesetz ist Gesetz. Bearbeitung muss keinen Sinn haben. Arbeit muss erledigt werden. Basta!

Alles schiefgelaufen

Also nee – in der vergangenen Woche ist ja nun wieder mal fast alles schiefgelaufen:

Kaum war Charlotte Roche als Moderatorin für das Dritte Österreichische Fernsehen nominiert, schickte der Himmel eine Sintflut, die Flüsse traten über die Ufer – ganz Österreich war nur noch ein einziges Feuchtgebiet! Oder nein: Ein Affe pinkelte dem iranischen Staatspräsidenten ins Gesicht. Oder bekomme ich da etwas durcheinander? Sie meinen, das war der sambische Staatspräsident? Na bitte – sag ich doch: leider völlig schiefgelaufen.

Jedenfalls ist Schleswig-Holstein der Titel „Weltkulturerbe" aberkannt worden, weil die kulturlosen Schleswig-Holsteiner kein flüssiges CO_2 in ihren Boden gepumpt haben möchten. (Der Ministerpräsident soll allerdings mit der Kanzlerin vereinbart haben: Wir sitzen das aus).

Das Bundessozialgericht hat bestätigt: Alle Patienten erhalten von ihren Ärzten zehn Euro Praxisgebühr, dafür müssen sie den Ärzten bei jedem Besuch Trost zusprechen: „Es wird schon wieder, Herr Doktor, Sie können ja irgendwann Hartz IV beantragen." Die ersten Lehrer gehen jetzt mit einigen Schülern schon auf die Toilette und spendieren einen Joint – dafür kriegt man als Lehrer von den Schülern eine Eins oder fünfzehn Punkte.

Ach, verdammt, etwas hab ich doch verwechselt: Diese Charlotte Roche ist in Wirklichkeit Moderatorin bei „3 nach 9". Ich hoffe, ich werd bald mal eingeladen – und sie sitzt dann neben mir. Sie hat ja ihre Feuchtgebiete immer bei sich. Und sie hat doch geschrieben: Sie wäscht ihre Muschi häufig extra nicht, „damit es leicht und betörend aus ihrer Hose riecht". Und Männer, die sich paaren wollen – und das will ich ja eigentlich immer –, mögen das so gerne!

Hör mal, Missfelder!

Was ist denn bloß mit dem Missfelder los, CDU-Präsidiumsmitglied? Dass Hartz-IV-Empfänger für ihre Kinder hundert Euro mehr bekommen sollen, findet er nicht richtig, sagt er. Das würde doch nur den Umsatz der Tabak- und der Alkoholindustrie ankurbeln. Da frag ich doch nur: Ja, und? Was hat denn ein CDU-Mann plötzlich gegen die Ankurbelung der Alkoholindustrie? Wie kann er seinen CDU-und CSU-Kollegen so in den Rücken fallen.

Das gibt doch nur wieder Ärger mit Seehofer und der CSU! Da haben sie sich doch neulich erst wieder für Deutschland durch den Fasching gesoffen, diese Becksteins (nach zwei Maß Wiesnbier kann man noch Auto fahren!) oder Stoibers oder Seehofers − immer kernig mit der Maß in der Hand − und jetzt soll das nicht mehr gelten als Wirtschaftsankurbelung? Mein Gott, Missfelder, willst du etwa die großen Verdienste deiner Parteikollegen und vor allem der in der Schwesterpartei verleugnen? Sie haben sich doch alle geradezu geopfert. Kann man doch nehmen, wen man will: zum Beispiel Otto Wiesheu, 1983 mit 1,75 Promille Unfall, ein Toter − elf Monate auf Bewährung. Alles, um den Alkoholumsatz anzukurbeln. (Der war sogar mal Verkehrsminister.) Mensch, Missfelder, du weißt doch genau, wer alles besoffen gefahren ist oder sich hat fahren lassen, hauptsächlich deine bayerischen Kollegen! Von Pirkl bis Kiesl, von Heubl bis zum großen heiligen CSU-Vorsitzenden persönlich. Alle haben sie verdienstvoll den Umsatz der Bier- und Alkoholindustrie angekurbelt – und dazu noch ihre Autos zu Schrott gefahren, um die Autoindustrie auch noch anzukurbeln. Und das sollen die Hartz-IV-Empfänger sich nicht zum Vorbild nehmen dürfen?

Das find ich aber ungerecht!

Ekliges Thema

Es geht nicht anders. Ich muss mich heute einfach mit dem schmutzigsten Thema der Woche beschäftigen. Denn es war ja auch das wichtigste Thema. Es stinkt entsetzlich, man muss sich die Nase zuhalten und man mag es sich gar nicht so richtig ausmalen. Das Drama mit der kaputten Toilette, meine ich. Die Astronauten in der Raumstation ISS hatten doch so große Probleme mit ihrer Toilette.

Die mussten tagelang in irgendwelche Plastikbeutel pinkeln und das größere Bedürfnis mussten sie ... igitt, ich mag es gar nicht beschreiben. Das ist doch so unangenehm, weil die Exkremente doch einfach frei herumschweben, wenn sie nicht abgesaugt werden. Da fehlt doch die Gravitation! Für das Absaugen haben die 'ne Extra-Pumpe auf der Toilette. Und die war defekt. Da kann es geschehen, dass die Sachen sogar plötzlich in der Kabine an der Decke hängen. Ja, Entschuldigung, das ist ein ekelerregendes Thema. Aber Gott sei Dank haben sie dann ja die Toilette reparieren können. Ein Klempner ist natürlich nicht gekommen – die sind ja sowieso immer ausgebucht –, also mussten sie die Toilette selber wieder instandsetzen. Das würde ein normaler Klempner gar nicht schaffen oder zumindest würde er enorm viele Arbeitseinheiten berechnen. Aber diese Astronauten: Schweben da über dem Lokus herum – und wer weiß, wie oft ihnen da noch das Abwasser und diese ganzen ekligen Absonderungen ihrer eigenen Astronautenkollegen um die Ohren gekreist sind ...

Wie bitte? Ich soll damit aufhören? Es gab viel Wichtigeres in dieser Woche? Zum Beispiel Koalitions-Chaos und kleinkariertes Machtgerangel in Kiel?

Nee, nee – entschuldigen Sie schon. Irgendwo ist ja 'ne ästhetische Grenze. Mit so einer Sch... befasse ich mich nicht.

Im Reisebüro

Hubert und Irmi standen im Reisebüro. Sie wurden beraten von dem geduldigen Reisen-Verkäufer. Er gab sich wirklich größte Mühe.

„Ägypten", sagte er. „Am Roten Meer, da könnte ich Ihnen …"

„Gibt es da auch keine Terroristen, die einen immer entführen?", fragte Irmi ängstlich dazwischen.

„Nein, keine Terroristen", sagte der Reisebüromann. „Ich empfehle das Vier-Sterne-Hotel Sahara-Beach. All inclusive, Beauty-Farm …"

„Gibt es da nicht diese gefährlichen Quallen?"

„Aber nein", sagte der Reisemensch. „Doch nicht am Roten Meer. Aber arabische Küche und arabische Nächte …"

„Aber sind da nicht immer diese Piraten, die das Schiff überfallen …"

„Lass doch mal, Irmchen", sagte Hubert.

„Animation mit Bauchtanz und Ausflug auf den Bazar …"

„Oh, oh", sagte Irmchen. „Da gibt es doch dieses Norovirus, wo man wochenlang Durchfall von kriegt."

„Nein", sagte der Reisemann, „aber Tennisplätze, ein eigener Golfplatz in der Wüste."

„Und was ist mit Erdbeben?"

„Doch nicht in der Wüste, gute Frau! Das Hotel hat paradiesische Gärten und Terrassen, es gibt Night-light-Special-Shows ..."

„Nein, lieber nicht", sagte Irmchen zu Hubert. „Das ist bestimmt das Hotel, das schon mal explodiert ist."

„Wissen Sie was, meine Liebe", sagte der Reise-mann. „Ich hab was für Sie. Fahren Sie doch nach Brandenburg in die Kyritz-Ruppiner Heide. Ins Bom-bodrom. Da sind Sie jetzt absolut sicher."

Ekel Sarrazin

Ich bin enttäuscht von Thilo Sarrazin.

Kennen Sie doch: das Ekel Alfred von der Bundesbank. Bis vor Kurzem war das Ekel noch Finanzsenator in Berlin. Ich hab mich immer so gefreut, wenn er mal wieder einen seiner Ekel-Sprüche abgelassen hatte: „Hartz-IV-Empfänger sollen sich im Winter gefälligst einen Pullover anziehen, dann frieren sie auch nicht." Das war doch noch richtig schön böse! Oder: „Als Arbeitsloser kann man sich mit drei Euro sechsundsiebzig am Tag ohne Weiteres ernähren." (Man kann ja schließlich auch Regenwürmer braten und an jeder Straßenecke liegt irgendein Essensrest herum.) Da war Ekel Sarrazin noch in Hochform. Aber jetzt: „Hartz-IV-Empfänger kriegen Kinder wegen des Kindergeldes. Sie wollen nur ihren Lebensstandard verbessern. Die Politik sollte dafür sorgen, dass nur diejenigen Kinder kriegen, die auch damit umgehen können." Also die Reichen.

Ja, und? Mehr nicht? Was folgt denn nun daraus? Das sagt er nicht mehr. Wie soll denn die Politik dafür sorgen, bitte sehr? Da erwarte ich doch einen Knaller von Ekel Sarrazin. Da muss er doch 'ne Bombe platzen lassen. Zum Beispiel: „Alle Arbeitslosen müssen sterilisiert werden. Kosten werden vom Hartz-IV-Geld abgezogen." Dann ginge wenigstens mal wieder ein Aufschrei durchs Land. Oder sein neuester Rentenspruch: „Langfristig müssen die Renten auf das Niveau der Grundsicherung sinken." Wie harmlos. Warum fordert er nicht gleich die „Rentner-Abtreibungspille" für alle über siebzig? Dann könnte man sich mal wieder über ihn aufregen. Aber so? Der Mann wird alt und müde!

Dieselmelken

Muuuh! Ich bin die Elsa. Ich bin Bauer Hannes sin Koh. Mein Bauer hat außer mir noch drei andere Kühe. Eine Kuh macht Muh, viele Kühe machen Mühe. Wir geben jetzt auf Befehl von Bäuerin Merkel und ihrem Knecht Seehofer keine Milch mehr, sondern Diesel. Weil: Milch lohnt sich nicht mehr. Das wissen ja alle.

Darum hat nun die Oberbäuerin Merkel gesagt: Er soll keine Milch mehr melken, sondern Diesel. Die Oberbäuerin Merkel und ihr Knecht Seehofer wollten sich nämlich schnell noch mal ein bisschen beliebt machen bei unserm Bauern Hannes. Damit er sie auf dem großen Bauerntanzfest im September als seine Favoritin zum Danz op de Deel auffordert.

Aber mein Bauer Hannes ist ja nur ein kleiner Bauer. Er braucht gar keinen Diesel oder nur ganz wenig. Er hat auch kein großes Feld mit Rüben, Kartoffeln und Mais wie die Großbauern. Die können den Diesel brauchen für ihre großen Maschinen. Kühe haben viele sowieso nicht – aber dafür jetzt den billigen Diesel.

Das versteht mein kleiner Bauer Hannes nicht.

Er denkt nächtelang darüber nach, wie er denn nun die große Wohltat der Oberbäuerin mit ihrem Billigdiesel auch genießen kann und davon leben.

Für sein Auto braucht er keinen Diesel. Jetzt hat er

schon ein paar Kanister Diesel gemolken und sie mir, seiner Kuh Elsa, wieder in den Futtertrog geschüttet, als Ersatzfutter. Aber ich vertrag den Diesel nicht und krieg davon das Kotzen.

Da hat Bauer Hannes gesagt: „Ja, so ist das immer. Die Großen kriegen die Wohltaten – und die Kleinen kriegen das Kotzen."

Jetzt gehts los!

Das musste ja so kommen. Die Ruhe im Land war ja schon unheimlich. Wann erhebt sich das Volk endlich gegen „die da oben", die Elite? Stopfen sich die Taschen mit Milliarden und Millionen voll – während andere sich kein zweites Paar Schuhe kaufen können. Aber jetzt geht es los. Und die Besitzenden wissen genau, dass die Revolution begonnen hat – und darum reagieren sie mit aller Härte.

Denn jetzt wird das Volk immer dreister. Zuerst waren es nur zwei Gutscheine im Wert von ein Euro dreißig, die sich die Angestellte Emmely genommen hat. Alles empörte sich noch, dass sie so hart mit Kündigung bestraft wurde. Aber „die da oben" haben erkannt: Da bricht etwas los, da bahnt sich etwas an.

Und schon kam die nächste mutige Tat des Aufstands:

Nicht nur zwei Brötchen haben sie den Fabrikherren, den Großbäckereibesitzern weggenommen, die Bäcker aus Bergkamen, nein: sogar noch den Belag da drauf – aus Tomaten, Olivenöl und Fetakäse.

Soeben höre ich von einem Freund, er hat schon zehn Büroklammern aus der Firma mitgehen lassen. „Jetzt bin ich entschlossen", sagt er, „das nächste Mal ein ganzes Radiergummi mitzunehmen!" Jawohl, wir

machen sie jetzt fertig, die Besitzenden, die Großver-
diener da oben. Ich bin dabei! Ich habe bereits ein
Zahnputzglas aus dem Interconti mitgehen lassen!
Jawohl! Und einen Kugelschreiber vom Schreibtisch!
Das nächste Mal nehme ich den Flaschenöffner aus der
Minibar mit. Wir nehmen uns, was uns gehört.

Die Revolution hat begonnen.

Lustige Woche

Tätätäää! Das war ja eine lustige Woche. Viele haben es gemerkt: lauter Karnevals-Scherze! (Dienstag war der 11.11.) Aber unsereiner ist ja schon an so viel Irrsinn gewöhnt, dass mancher es für ernst genommen hat.

Das mit den Kindern zum Beispiel. Die von den Bahnschaffnern einfach rausgeworfen wurden, nur weil sie ihren Fahrschein vergessen hatten. Tätätätä! Das hatte doch einen ganz andern Grund! Alle Augenblicke entgleist irgendwo ein Zug oder die Bremsen funktionieren nicht. Wenn da Erwachsene immer noch mit der Bahn fahren, ist das ihre Sache. Aber da kann man doch nicht unschuldige Kinder solcher Lebensgefahr aussetzen. Tätätätätä! Frauen und Kinder zuerst: Raus aus der Bahn!

Und auch was sonst geschehen ist. Haben Sie das etwa geglaubt – das mit diesem Herrn Meier-Dümpel – oder nee, wie heißt der noch: Schäfer-Simpel – na ja, so ähnlich jedenfalls. Das ist doch alles Spaß. Die SPD macht ja nun schon ziemlich viel Blödsinn. Aber die schicken doch nicht einen nach vorn, den kein Mensch kennt – und der auch schon so lustig aussieht wie ein Karnevalsprinz, tätätätätä! Und in Berlin, da waren sie doch schon völlig besoffen: erst keine Kfz-Steuer für zwei Jahre, dann nur für sechs Monate, dann hieß es: Sie verschrotten den ganzen Bundestag oder jeder, der einen Opel kauft, kriegt eine Tapferkeitsmedaille. Tätätätä!

Und was ist mit dem BKA-Gesetz? Zum Abhören und zur Online-Durchsuchung? Der entscheidende Schritt zum Überwachungsstaat?

Aber nein! Das ist doch ganz anders: Zum ersten Mal interessieren sich „die da oben" dafür, was wir Bürger wirklich über sie denken.

Tätätätätä! Ich glaub, ich bin im Karneval!

2
Ein Kühlschrank namens Olaf

Wir armen Menschen

Sind Sie eigentlich auch ein Mensch, liebe Leserin, lieber Leser? Dann fühlen Sie sich sicherlich auch so schuldig wie ich. Denn ich bin ein Mensch. Ja, wirklich. Und meinetwegen, unseretwegen ist doch die Regierungskoalition in Kiel zerbrochen.

Alles geschieht nur um unseretwillen. Das macht mich fix und fertig. Der Carstensen hat es doch immer wieder in Interviews gesagt: Er hat ja nicht zum eigenen Vorteil die Scheidung von der SPD eingereicht, nein, nein: Es geht doch um die Menschen im Lande. Nur wegen der Menschen macht er das. Die Bürgerinnen und Bürger haben ein Recht, dass wieder klare Verhältnisse herrschen und dass nicht mehr gelogen wird und die Regierung ihre Arbeit machen kann: zum Wohle der Menschen. Ach ja, denke ich da, das wäre ja wunderbar, wenn sie das endlich mal täte – und sei es auch zum allerersten Mal.

Aber, verdammt noch mal, was sagt der Stegner, der SPD-Chef? „Die Menschen", sagt er. Ja, die Menschen (immer wieder die Menschen) haben ein Recht darauf, dass die SPD sich nicht scheiden lässt. Es geht doch nicht um die SPD, es geht nicht um die Abgeordneten oder ihren Vorsitzenden, nein, es geht ihnen doch nur um uns, um die Menschen. „Wir müssen unsere Arbeit machen für die Bürgerinnen und Bürger im Lande, für die Menschen."

Ja, verflixt, wir haben mal wieder die ganze Schuld! Streit und Intrigen und Lügen und Beleidigungen und Machtkämpfe und Geldgier – alles nur für uns, für die Menschen im Lande. (Und zum Glück nicht für die Hunde. Denn das wäre ja Tierquälerei.)

Endlich schuldenfrei

Ruft mich doch mein Sportsfreund Jürgen an, er möchte endlich seine zwölftausend Euro von mir zurückhaben, die ich angeblich vor zwei Jahren von ihm geliehen hätte. Ich sage: „Junge, tut mir leid, die hab ich grade gestern in meine andere Schublade umgelagert, in meine Bad Bank. Da kommen jetzt alle meine Schulden rein. Dem Finanzamt hab ich auch schon Bescheid gesagt: Ich muss grad größere Beträge in mein Büro investieren, muss alles ausgerüstet werden und meine Frauen müssen neue Kleider haben, sonst bricht hier alles zusammen. Aber in spätestens zwanzig Jahren mach ich die Schublade mal wieder auf."

Na ja, jetzt fangen sie an zu toben, meine Gläubiger. Aber ich seh das nicht ein: Warum soll ich nicht auch meine Bad Bank haben, damit ich wieder flott bin.

Eine große Last ist von meinen Schultern genommen. Ich kann nachts wieder ruhig schlafen. Und das Schönste: Ich hab jetzt wieder Kredit. Bin zu meinem Autohändler gegangen und hab mir schon mal paar Angebote machen lassen. Er hat zuerst so Andeutungen gemacht über irgendwelche finanziellen Schwierigkeiten, die ich wohl hätte – wahrscheinlich hat mein Freund Jürgen mal was über die zwölftausend Euro gepetzt. Aber ich hab dem Händler gleich gesagt: Nee, das ist alles in Ordnung gebracht. Die zwölftausend übernimmt meine andere Schublade. Okay, hat er gesagt, dann kann ich für das Auto auch wieder einen Kredit kriegen. Und so muss es ja auch sein: Wir müssen ja die Wirtschaft wieder in Gang bringen. Sonst bricht ja alles zusammen.

Die Schublade mit den giftigen Schuldscheinen hab ich abgeschlossen und den Schlüssel weggeworfen. Ach, ist das ein schönes Gefühl: endlich wieder schuldenfrei!

HSH im Puff

Na also, jetzt haben die Manager von der HSH Nord-bank es ja doch noch geschafft, ihr Image zu verbes-sern. Plötzlich sind sie nicht mehr nur die Abzocker und Pleitespekulanten – nein, die HSH Nordbank erscheint uns plötzlich in einem ganz anderen Licht: im Rotlicht.

Immer wieder sind die Banker mit ihren Kollegen und Vorgesetzten von der New Yorker Niederlassung auf die Reeperbahn und ins Bordell gegangen. Na, das ist doch mal was Anständiges! Ich meine: eine anstän-dige Geldanlage. Da haben sie bei der immergeilen Jana und bei Natalie, dem Busenwunder, bei Silvia, dem Blasebalg, und bei Alina, der Tabulosen, inves-tiert. Und sie haben die Erfahrung gemacht, dass man auf dem Liebesmarkt ganz anders als auf dem Finanz-markt eine ehrliche Leistung für sein Geld bekommt.

Nun ist mir aber auch endlich klar, warum die HSH Nordbank ihre hochqualifizierten Mitarbeiter auf kei-nen Fall gehen lassen will: Die wissen einfach zu viel. Hochqualifiziertes Insiderwissen, wie man sein Geld in Häusern anlegt, in Freudenhäusern.

Wie man hört, wurde durch diese Art der Bankbera-tung auch das Image der HSH Nordbank in der New Yorker Niederlassung enorm aufgebessert. Denn in

New York haben die Manager dann ihren Kolleginnen in den höchsten Tönen vorgeschwärmt: „Nee, Girls and Ladies, mit den Huren in Hamburg kommt ihr einfach nicht mit. Wir fahren bald wieder rüber – zur Weiterbildung."

Ja, Banker sind eben auch Menschen. Wer hätte das gedacht!

Angst vorm Nachlassen der Angst

Herbert Meier aus Neu Oldenburg hat gestern beim Pharmakonzern Roche in der Geschäftsleitung angerufen.

„Ich wollt nur mal fragen: Was zahlen Sie mir? Ich hab so'n bisschen Kopfschmerzen und im Hals hab ich es auch – und ich glaub, auch Fieber noch dazu."

Da waren sie in der Geschäftsleitung gleich ganz begeistert:

„O ja, das hört sich gut an. Das könnte ja die Schweinegrippe sein. Über das Honorar können wir reden."

„Ich könnte mich auch bemühen", sagte Herbert Meier, „noch ein paar Leute hier in Neu Oldenburg anzustecken. Mit meiner Freundin treffe ich mich heute Abend und werde sie intensiv küssen. Ich hab auch im Bus schon ganz stark geniest."

Da waren sie aber richtig froh – bei dem Pharmariesen.

„Sie kommen uns wie gerufen. Wir haben nämlich große Angst, dass die Angst allmählich nachlässt. Es gibt ja schon Ärzte und Sachverständige, die rumerzählen, man soll das alles nicht so ernst nehmen. Schweinegrippe ist auch nicht schlimmer als normale Grippe, sagen sie. Aber wir haben doch die Lager voll bis obenhin mit Impfstoffen und haben viele Millionen investiert. Wir brauchen jetzt die Pandemie – oder wenigstens die Angst davor."

Also, liebe Freunde, sorgen Sie auch mal 'n bisschen dafür, dass die Angst nicht nachlässt. Husten Sie mal laut und spucken Sie auf die Straße. Sonst erkrankt am Ende noch die Pharma-Industrie und geht pleite – an der Schweinegrippe.

In Lebensgefahr

„Jetzt geht es also schon um Leib und Leben, um das nackte Überleben geht es jetzt", sagte ich zu meiner Frau. „Die Regierungsvertreter der größten und mächtigsten Nationen der Welt sind zusammengekommen, und sie wissen: Sie müssen jetzt eine Lösung finden."

„Von welchen Leuten redest du?", fragte meine Frau. „Wer ist denn da jetzt in Lebensgefahr?"

„Na, hör mal", sagte ich. „Die Banker und die Bankmanager in der Welt! Die müssen doch jetzt schon um ihr Leben fürchten. Schon droht ihnen die aufgebrachte Menge mit dem Ausruf ‚Hängt die Banker!'. Steine fliegen auf Bankenfenster. Schon werden Firmenbosse in Geiselhaft genommen. Wenn das so weitergeht, stürmen die noch die Schlösser und Villen der Superreichen, werfen sie aus dem Fenster und nehmen ihnen ihre Jachten weg. Zumwinkel fürchtet schon um sein Schloss im Trentino!"

„Ach so", sagte meine Frau, „und deswegen sind die jetzt in London zusammengekommen?"

„Ja, natürlich. Es besteht doch höchste Lebensgefahr. Die Banken müssen gerettet werden!"

„Ach so", sagte meine Frau, „und ich dachte, du meinst die armen Schweine, die sich täglich zu Hunderten in abgewrackten Fischerbooten aufs Mittelmeer wagen, weil sie vor dem Verhungern von Afrika nach Europa fliehen."

„Ach so", sagte ich, „aber das ist ja wohl nicht so wichtig. Die meisten ertrinken doch sowieso."

Größer als Madoff

Neulich konnte ich den größten Betrüger der Finanzgeschichte in seiner Zelle besuchen:

Bernard Madoff. Er wurde zu hundertfünfzig Jahren Gefängnis verurteilt, weil er über Jahre hinweg betrügerisch mit mehr als hundertsiebzig Milliarden Dollar jonglierte.

Ich fragte ihn: „Mr. Madoff, sind Sie nicht völlig verzweifelt? Hundertfünfzig Jahre Gefängnis. Davon haben Sie erst ein paar Wochen abgesessen!"

„Ach nein", lachte er. „Bald bekomme ich ja Gesellschaft. Von all meinen Bankerkollegen – zum Beispiel auch aus Deutschland. Ich bin ganz gespannt auf den Funke von der Hypo Real Estate. Und bestimmt verknacken sie auch den Nonnenmacher von der HSH Nordbank zu hundert Jahren Gefängnis. Dann sitzen wir hier zusammen und lachen uns immer noch kaputt über die doofen Anleger."

„Ach, Sie meinen: Der Funke und der Nonnenmacher und die andern Vorstände alle kriegen jetzt auch lebenslänglich Gefängnis aufgebrummt?" – „Aber klar! Die haben doch genau wie ich mit den ihnen anvertrauten Milliarden wie verrückt herumgezockt, haben sich von fremdem Geld bedient und viele Anleger in den Ruin getrieben!"

„Entschuldigung", sagte ich vorsichtig, „aber wissen Sie denn nicht, dass die Staatsanwaltschaft Düsseldorf gesagt hat, die Vorstände der Landes- und Privatbanken seien ja nicht davon ausgegangen, dass ihre Zockerei ein existenzbedrohendes Risiko für die Bank war?" – „Ja, sehen Sie wohl", rief Madoff, „davon bin ich auch nicht ausgegangen. Im Gegenteil, es funktionierte doch prima. Und ich habe sogar die Größe des Risikos gekannt – die Bankerzocker dagegen haben überhaupt gar nicht mehr gewusst, wie groß das Risiko ist, die wussten doch gar nicht mehr, was sie da machen, die hatten doch jede Übersicht verloren. Die dachten aber, das geht immer so weiter. Und das dachte ich auch. Und wenn die nicht zusammengebrochen wären, hätten meine Kunden bis heute noch nichts gemerkt!" – „Aber Mr. Madoff", sagte ich, „die Staatsanwaltschaft in Deutschland hat doch das Verfahren gegen diese Vorstände eingestellt. Die werden nicht verhaftet."

„Verdammt!", rief Madoff und wurde ganz blass, dann hat er noch irgendwas von Sich-Aufhängen gesagt. Ja, so kommt das eben immer: Immer enden die Falschen am Galgen.

Neujahrsansprache

Liebe Mitbürgerinnen und Mitbürger, es wird furchtbar, es wird grausam, aber wir wollen das alles mal positiv sehen. Prost! – genauso wie unser hochverehrter Herr Bundesköhler. Das Geld ist futsch, sagt er, „unvorstellbar viel Geld ist verjuxt und verspielt", sagt er, aber er ist voller Zuversicht, dass es auch im nächsten Jahr so weitergehen wird. „Es ist richtig", sagt er, „dass unsere kluge Regierung entschlossen gehandelt hat", sodass unseren fleißigen Abzockern die Milliarden nicht ausgehen und sie wieder neue Milliarden verzocken können. Prost! Denn er ist froh, sagt unser Bundesköhler, „über die Gelassenheit und den Ideenreichtum" – und da kann man sich ja nur anschließen. Also, Freunde, prost! Im neuen Jahr – verdammt noch mal – wollen auch wir endlich mal unsere Mitbürger anpumpen und auf ihre Kosten reich werden – und nicht immer gleich alle Rechnungen bezahlen – „schöpfen wir die Kraft aus unseren Möglichkeiten", sagt der Bundesköhler! Habt also keine Angst, Leute, auch mal richtig hinzulangen. Prost! Erst wer mindestens zwei Milliarden Schulden hat, ist ein Ehrenmann und darf im Bankvorstand bleiben. Also, ihr Kleinkriminellen und Eierdiebe: Unser Bundespräsident möchte, dass von nun an „das Kapital allen zu Diensten ist und sich niemand davon beherrscht fühlen muss". Stellt also sofort eure Kreditanträge an die Bundesbank und seid nicht wieder so kleinkariert, nur auf eure lächerlichen Bausparverträge zu vertrauen. Milliarden für alle! – nicht nur für die Reichen!, so verstehe ich den Bundespräsidenten. Dann sind die Banken und die Abzocker auch wieder glaubwürdig. Denn „Glaubwürdigkeit", sagt er, „Glaubwürdigkeit bringt das Vertrauen zurück!" Prost Neujahr!

Piraterie

Entschuldigung, ich bin ein bisschen durcheinander. Ist das jetzt schon der Weihnachtsstress oder was? Kommt mir alles so verdreht vor, was ich da so in der Zeitung lese. Jetzt überfallen also diese Zocker Marke IKB oder Hypo Real Estate schon die Schiffe auf den Weltmeeren und rauben sie aus? Wenn die Regierungen ihnen nicht sofort Millionen Lösegeld zahlen, dann gibt es die große Katastrophe! Ja, sind die denn immer noch nicht zufrieden mit den Milliarden-Bürgschaften?

Und was höre ich: In Dubai haben sie für die Hartz-IV-Arbeitslosen das teuerste Luxushotel der Welt gebaut, wo sie von morgens bis abends mit Kaviar ernährt werden – und auf Toiletten mit vergoldeten Kloschüsseln gehen müssen? Das ist doch nun auch wieder übertrieben. Zweihundert Euro mehr im Monat wären doch schon Luxus genug. Aber nein, jetzt wollen sich die Scheichs lieber mal für vier Euro am Tag ernähren – das reicht vollkommen, haben sie gesagt. Oder waren das die Hartz-IV-Empfänger selber? Oder ist das wieder Paris Hilton im Magerkeitswahn?

Und was sollte die Meldung: Kröten töten Krokodile? Die sind angeblich außer Kontrolle geraten, die Kröten, und vergiften die, die sie verschluckt haben.

Ja, mein Gott, ist das vielleicht das gute Ende der Finanzkrise? Gehen jetzt tatsächlich die gierigen Spekulanten an den Kröten ein, die sie sich einverleibt haben?

Ich glaub, ich krieg das alles durcheinander.

Was ist mit dem Flick? Grabplatte verschoben, Leichnam verschwunden. Das hatten wir doch schon mal vor zweitausend Jahren. Ist er etwa auferstanden, um den Kapitalismus zu erlösen?

Alles so verrückt. Das einzig Normale: Eine Frau verliert ihren Schminkkoffer im All. Na und? Meine lässt auch überall ihre Klamotten rumliegen.

Das große Elend

Ich bin so glücklich darüber, dass wir in diesen Wochen den ins Elend Geratenen, den Ärmsten der Armen immer wieder so großzügig helfen. Sie sitzen alle wie die Bettler auf der Straße und haben den Hut vor sich hingelegt mit dem Karton davor: „Unschuldig in Not geraten!" Da kann man nicht anders, wer ein Herz hat, der muss in die Tasche greifen und ihnen wenigstens ein paar Milliarden in den Hut werfen. Da sind zum Beispiel die Vorstände und Aufsichtsräte dieser armen Bad Bank Hypo-Dingsbums – die sitzt schon nicht mehr auf der Straße – die sitzt in einem Abgrund, in der Geldabfallgrube und guckt flehentlich zu uns hoch: Bitte, geben Sie, bitte geben Sie! Und wir geben. Noch mal zehn Milliarden, zu den hundert Milliarden, die wir ihr schon in die Jauchekuhle geworfen haben.

Und alle diese verarmten Bankvorstände und Manager im Lande – mein Gott, wie sollen sie überleben mit den paar Millionen, die sie für sich privat beiseite gebracht haben. Wir müssen ihnen weiter helfen. Die fünfhundert Milliarden genügen noch nicht, die sie schon gekriegt haben, das war doch nur eine Art soziale Überbrückung. Noch mal fünfzig Milliarden als Konjunkturpaket drauf, damit sie weiter ihren Job machen können. Denn wir wissen doch: Arbeitslos sein ist das Schlimmste im Leben. Und gar für einen Bankmanager. Wenn der zu Hause in seiner Prachtvilla sitzen muss und kann nicht mehr zur Arbeit, sondern nur noch den ganzen Tag Golf spielen. Unvorstellbar! Deswegen darf man auch niemals einen Bankmanager verantwortlich machen für das Verzocken von anderer Leute Geld. O, nein! So einer müsste dann ja vielleicht ins Gefängnis. Und das wäre doch nun wirklich zu grausam. Oder?

Alles halb so schlimm

Mann, war das eine Woche. Eine Woche des Erschreckens. „Immer mehr Arbeitnehmer werden auf die Straße gesetzt. Die Arbeitslosigkeit steigt auf sechs Millionen!" Und tatsächlich: Am Montag ging es gleich los: Klinsmann verliert seinen Posten. Der arme Mann – eben noch ganz oben – und von einem Tag auf den andern: arbeitslos. Angewiesen auf Hartz IV, muss jetzt dauernd zum Jobcenter, um sich seine Stütze abzuholen. Ich war so traurig. Aber dann erfuhr ich: Nein, so schlimm ist es ja gar nicht. Er kriegt erst noch elf Millionen Abfindung für Nichterreichen des Meistertitels. Es dauert also noch etwas, bevor er Hartz IV beantragen wird.

Ich atmete auf. Aber dann schon wieder die nächsten Schreckensmeldungen: Die Krise wird immer größer. Die Konjunktur bricht ein. Die Wirtschaftsleistung sinkt um sechs Prozent. Immer mehr Firmen werden pleitegehen. Und wieder ergriffen mich Mutlosigkeit und panische Angst. Aber da – Gott sei Dank: Am Mittwoch durfte ich lesen: Josef Ackermann wird seinen Job behalten. Bis 2013 wird er weitermachen. Und zwar genauso wie früher: Fünfundzwanzig Prozent Gewinn will er erzielen. O Mann, hat mich das erleichtert.

Dann war es also doch richtig, was die Banker alle gemacht haben. Die Gier war richtig, die Gier muss weitergehen, man darf sich nicht beirren lassen. Fünfundzwanzig Prozent, ganz egal, woher die kommen. Immer tapfer bleiben, am Ende bezahlt ja sowieso der Steuerzahler.

Blieb also nur noch die Schreckensmeldung:

Schweinegrippe! Ich musste einmal niesen und dachte schon: Jetzt geht es los. Aber ich lebe noch und die Frau im Hamburger Universitätskrankenhaus ist auch wieder quietschlebendig. Also bitte: Ist doch alles nur halb so schlimm!

Angst um Deutschland

Ich habe solche Angst um Deutschland. Wie soll das bloß weitergehen? Wie wird das enden? Es ist doch kein Vertrauen mehr da. Man weiß doch überhaupt nicht, woran man ist!

Nein, ich meine doch nicht die Bayern LB. Ja, ja, da hat der Herr Kemmer sowieso gesagt: „Wir stellen die Vertrauensfrage. Wenn Sie uns nicht mehr vertrauen – also Leuten, die ohne Ahnung vom Zocken zu haben Milliarden verzockt haben – wenn Sie uns nicht mehr vertrauen ..." Da haben ihnen die Angestellten aber ihr blindes Vertrauen ausgesprochen. Ja, wenn man blind ist, wird aus Verzweiflung noch Vertrauen.

Nein – ich meine: das Vertrauen in Deutschland. Wie es weitergehen soll ohne Vertrauen.

Auch von der Rentenkasse spreche ich nicht. Zu der hatten wir doch schon lange kein Vertrauen mehr. Die haben doch schon vorher immer das Geld der Rentner verbrannt. Ist doch nichts Neues, dass die alles verzocken. Dazu sagen wir doch schon lange nichts mehr, dass heute jeder junge Arbeitnehmer für mindestens zwei Rentner die Rente mitverdienen muss.

Nein, ich meine doch: das Vertrauen in Deutschland. Ballack vertraut Löw nicht mehr. Löw vertraut Kuranyi nicht, Frings vertraut weder Löw noch Bierhoff. Nicht mal Philipp Lahm traut dem Frieden noch. Das Sommermärchen ist vorbei. Nichts konnte uns bisher erschüttern: die Finanzkrise nicht und nicht mal Reich-Ranicki – aber wenn die Helden der Nation sich jetzt gegenseitig nicht mehr vertrauen:

Mein Gott, was soll aus Deutschland werden?

Werd ich alles lesen!

Haben Sie den neuen McEwan „Saturday" schon gelesen? Ich auch nicht. Aber der soll ja sensationell sein. Ich werde ihn sofort lesen, wenn ich erst mal „Tod und Adel" gelesen habe. Da geht es um Venedig und die Habsburger irgendwie und die Kaiserin Elisabeth – hab ich gelesen. Gelesen hab ich das Buch noch nicht, aber das werde ich dann sofort tun, wenn ich erst mal Eva-Maria Zurhorst gelesen habe, „Liebe dich selbst" – Masturbation ist ja immer interessant, ich nehm jedenfalls an, dass es darum geht; ein Freund aus dem Kegelclub hat es mir empfohlen. Vorher muss ich aber noch den neuen Walser lesen – ich kann jetzt grad nicht sagen, wie der heißt oder ob es überhaupt einen gibt – aber das nehme ich doch stark an, es ist ja schließlich Buchmesse.

Ja, an und für sich ist es für mich kein Problem, die dreihunderttausend Neuerscheinungen jedes Jahr zu lesen. Das muss man ja, sonst ist man ja nicht auf der Höhe der literarischen Entwicklung, und man will ja mitreden.

Nur manchmal hink ich etwas hinterher.

Bevor ich nämlich „Die Vermessung der Welt" lese von Kehlmann – ein hintergründiges Spiel mit Dichtung und Wahrheit, wie ich irgendwo gelesen hab – ja, davor wollte ich unbedingt noch den ersten „Harry Potter" lesen, das hab ich meiner Tochter vor drei Jahren versprochen, darum bin ich auch noch immer nicht dazu gekommen, den „Butt" von Grass zu lesen. Ich weiß, das liegt schon lange zurück, und ich weiß natürlich auch ungefähr, was drinsteht – mit dem Wattenmeer und der Frau und diese ganze unersättliche Welt überhaupt (für die Teilnahme an einer Talk-Show würde mein Wissen natürlich reichen), aber den „Butt" les ich ganz bestimmt noch, wenn ich die übrigen zwei Millionen Bücher gelesen hab, die sich inzwischen auf meiner Liste angesammelt haben. Vorher wollte ich allerdings noch mal die sechzig Hörbücher anhören, die ich inzwischen geschenkt gekriegt habe – aber, während man ein Hörbuch hört, kann man ja gleichzeitig noch ein Buch lesen. Alles kein Problem.

Haben Sie übrigens mein neues Buch schon gelesen? Sollten Sie mal lesen. Ich hab es schon dreimal gelesen!

Zum Fürchten

Mitten in der Nacht wache ich auf: Da steht ein Gespenst vor mir und macht: „Huuuuu! Huuuuu! Ich will dich zu Tode erschrecken."

Ich reib mir die Augen und sage: „Warum denn? Was ist denn los?"

„Halloween!", sagt das Gespenst, „ich will dich das Fürchten lehren. Huuuuuu! Huuuuuu!"

„Hör mal zu, Gespenst", sag ich, „setz dich mal auf meine Bettkante. Hast du schon mal etwas von einem Herrn Mehdorn gehört?"

Da fängt das Gespenst gleich an zu zittern und will davonfliegen. Aber ich halte es fest.

„Hör doch mal zu, Gespenst", sag ich, „ich bin neulich mit dem ICE gefahren – da hatte eines der Räder schon einen feinen Riss. Das haben die aber erst später festgestellt."

„Huuuuhuuuu!", macht das Gespenst, „das ist ja zum Fürchten. Ich will weg, ich will in meinen Sarg!"

„Augenblick mal", sag ich, „Gespenst, hör mal zu. Der ehemalige Bahnchef, dieser Herr Mehdorn, der uns Bahnfahrer mit seinen Verspätungen und Fahrpreisen und seinen Bedienzuschlag ununterbrochen in Angst und Schrecken gejagt hat, weißt du, was der kriegt?"

„Nein, ich will das gar nicht wissen?", jammert das Gespenst.

„Er besteht auf Gehaltszahlung bis Mai 2010 trotz seines Rücktritts 2009. Und eine Leistungszulage will er haben! Dreieinhalb Millionen Euro. Aber das ist ja wenig, sagt er. Das liegt im unteren Bereich."

„Hiiii-hiiilfe", schreit das Gespenst.

„Aber zu all dem heißt es im Geschäftsbericht, liebes Gespenst: ‚Der Personenverkehr läuft ausgezeichnet.'"

Da hat das Gespenst nur noch Ffffff! gemacht und lag als nasser Lappen auf meiner Bettdecke.

Halleluja!!

Meine Güte, bin ich jetzt erleichtert. Dass Eros und Erotik und Sex zur Liebe dazugehören, das beruhigt mich ja nun total. Dass der Papst das jetzt gesagt hat – also diese Erleichterung. Weil: Bis jetzt war ihm das ja nicht ganz klar gewesen – oder jedenfalls seiner Kirche. Aber jetzt: Die körperliche Vereinigung steht durchaus nicht im Widerspruch zur Liebe als solcher. Natürlich immer in Anstand und Ordnung – also verheiratet sein muss man schon. Aber es ist jetzt katholisch sozusagen genehmigt oder abgesegnet, wie man da wohl sagt. Allerdings: weiterhin auch nur ohne Kondom oder Verhütungsmittel – auch in der Ehe. Sonst ist das keine richtige Liebe. Und Schwule – da wollen wir auch weiter gar nicht erst drüber reden! Denn der Sinn ist und bleibt nun mal das Kinderkriegen. Aber dass Sex jetzt überhaupt dazugehört zur Liebe – dass er das jetzt mal frei von der Leber ausgesprochen hat, der Heilige Vater, das find ich schon enorm. Und das muss man auch deshalb anerkennen, weil er ja eigentlich selber mehr ein Außenstehender ist – also kein Fachmann in der Sache. Spricht also nicht so sehr aus eigener Erfahrung (nehme ich doch jedenfalls an) – weil ja nun mal in seinen Kreisen doch mehr der Zölibat hoch im Kurs steht. Desto mehr ist das anerkennenswert, weil er sich das ja alles wohl mehr so angelesen hat – mit der Lust und der Erotik und dem Rausch und was da alles drinsteht in seiner Enzyklika. Na gut: Er muss natürlich seine Firma immer irgendwie in den Vordergrund stellen und ein bisschen Werbung machen. In der Richtung: dass das Ganze – mit der Liebe und dass der Körper dazugehört – trotzdem nur funktioniert, wenn das liebe Herzjesulein auch immer dabei ist oder sogar vorneweg. Das machen sie ja in der Werbung auch immer so. Frühstück ohne Lätta ist keins oder so. Blödsinn – Frühstück ohne Lätta geht genauso. Ist eben Werbung.

Aber ich freu mich so. Ich freu mich so für den Papst, dass er es jetzt auch wenigstens ein bisschen verstanden hat, was Liebe sein kann. Ja, die schnallen das schon noch alles da im Vatikan.

Vor zwanzig Jahren haben sie doch sogar schon eingesehen, dass die Erde sich um die Sonne dreht und nicht umgekehrt. Da haben sie Galilei von seinem Bann freigesprochen. Also – was solls: Es geht doch voran. Halleluja!

Wunderbarer Urlaub

Kathrin und Werner sind aus dem Urlaub zurück. Ich glaub, sie waren auf 'ner Ostfriesischen Insel. Kathrin und Werner – das ist noch eine ganz neue Beziehung. Sie waren das erste Mal zusammen im Urlaub. Darum waren wir natürlich alle gespannt, wie es ihnen denn so ergangen ist.

„Wunderbarer Urlaub", sagt Kathrin. „Na ja – die Verpflegung, Werner hat einen Riesenkrach gemacht, weil irgendeine Suppe nicht warm genug war, und überhaupt hat ihm das Appartement nicht gefallen, wir hatten ja nicht die Seeseite und die Betten waren eine Katastrophe, mal abgesehen davon, dass sie das Haus grade renovierten und morgens um acht die ersten Pressluftbohrer loslegten."

„Oha", sagte ich. „Und trotzdem war es ein prima Urlaub?"

„Doch, ja, war wirklich schön. Werner hat drei Tage gemault, weil ich ihm die dritte Flasche Wein am Abend nicht gönnen wollte. Er hat mich auch angeschrien, es sei einfach langweilig mit mir, weil ich immer nur lese und im Strandkorb liege – aber abgereist ist er dann doch nicht, wie er es bereits am dritten Tag vorhatte."

„Ja, meine Güte, Kathrin", sag ich, „das hört sich

doch alles überhaupt nicht nach wunderbarem Urlaub an!"

„Wieso denn nicht?", sagt sie. „Wir haben ja heute sogar schon wieder miteinander telefoniert."

„Ach so. Und was ist daran wunderbar?"

„Na, hör mal: Sechzig Prozent aller Beziehungen gehen im Urlaub kaputt. Nach dem Urlaub gehen die meisten auseinander. Aber wir – wir sprechen wieder miteinander. Wunderbarer Urlaub!"

Ein Kühlschrank namens Olaf

Da wird doch wieder mal eine großartige Idee völlig verkannt und verurteilt. Der Wehrbeauftragte des Deutschen Bundestages beanstandete neulich unter anderem, dass zwei Gruppenführer einem Rekruten befohlen hatten, bei einem Kühlschrank, den sie Olaf nannten, Meldung zu machen. Und bei einer Kaffeemaschine namens Heraldine sollte er sich wieder abmelden. Dies sei, so der Wehrbeauftragte, Missbrauch der Befehlsbefugnis.

Mir scheint jedoch: Der Herr Wehrbeauftragte hat überhaupt nichts verstanden. Es geht doch darum, den Soldaten von heute dafür zu begeistern, notfalls freudig sein Leben zu opfern.

Und was ist das höchste Gut, der wahre Wert, für den der deutsche Mensch heute kämpft und arbeitet? Der Kühlschrank – und dass immer was drin ist. Das Große an so einem Kühlschrank ist doch auch: Da bleibt alles frisch und wenn man die Tür aufmacht, geht ein Licht an. Von welchem Vorgesetzten in der Bundeswehr könnte man das schon behaupten?

„Melde gehorsamst, Herr Kühlschrank, werde morgen zum Hindukusch versetzt, um dich dort zu verteidigen. Denn du bist der Einzige, den ich in diesem Staate wirklich achten kann, weil in dir nichts verfault wie in den Köpfen meiner anderen Vorgesetzten!"

Und dann verabschiedet sich der Rekrut bei Heraldine, der Kaffeemaschine, mit den Worten:

„Gestatten Sie, Frau Kaffeemaschine: Sie sind die einzige Vorgesetzte, die mich unter all diesen Bundeswehrschlafmützen immer wach gehalten hat!"

3

Allah kommt nicht zum Karneval

Finster! Finster!

In Südamerika konnte man sie zuerst sehen – die Sonnenfinsternis im März 2006. Das heißt: Eine Finsternis kann man natürlich nicht sehen, sondern man kann nur sehen, dass man die Sonne nicht sieht. Wenn es eine totale Sonnenfinsternis ist, dann muss es total finster sein, sodass also alle erkennen: Wie Sie sehen, sehen Sie nix.

Die Konsumfreude in unserem Lande hat sich gebessert. Man weiß nicht so genau warum. Die Leute kaufen plötzlich vor allem Fernsehgeräte und so weiter – vielleicht wegen der WM, vielleicht aber auch wegen der Mehrwertsteuer (also weil die Mehrwertsteuer noch mehr Mehrwertsteuer wird im nächsten Jahr) – darum kaufen die Leute jetzt, obwohl sie ja sparen, aber was sollen sie machen ...

In Deutschland war die Sonnenfinsternis nicht zu sehen. Also, es war nicht finster genug. Nein, selbst wenn sie zu sehen gewesen wäre, wäre sie nicht richtig finster zu sehen gewesen, weil die Sonne immer noch ein Stück zu sehen gewesen wäre ...

In Ghana in der Stadt Accra heulten die Sirenen auf. Nicht wegen irgendwelcher Terroristen, sondern weil zu sehen war, dass die Sonne nicht zu sehen war.

Aus dem Gesundheitsministerium kam übrigens der

Vorschlag, ganz einfach die Praxisgebühr zu erhöhen wegen der Ärzte und der ganzen Kostenmisere – aber da hat die Ministerin gesagt: Das kommt auf gar keinen Fall in Frage, sodass wir also in Kürze damit rechnen dürfen.

In Deutschland waren eben einfach mal wieder finstere Wolken am Himmel, sodass man nicht mal hätte sehen können, dass man nichts sehen kann.

Können Sie was sehen? Ich auch nicht!

Nationaler Notstand

Sechs Wochen trink ich jetzt kein Bier mehr, überhaupt keinen Alkohol. Na ja, das muss ja mal sein.

Ich hab mir zwar grad so 'ne tolle kleine Zapfanlage gekauft. Da ist ein kleines Kühlaggregat eingebaut, da schiebt man ein kleines Sechs-Liter-Dosenfass rein – und hat dann immer gekühltes, gezapftes Bier. Wunderbar.

Aber wie gesagt: jetzt sechs Wochen kein Alkohol, kein Bier.

In sechs Wochen kann natürlich viel passieren.

Jetzt ist die Schweinegrippe ja noch harmlos. Na ja, Schweine müssen sich vorsehen. Aber ich bin schließlich kein Schwein. Allerdings – man will ja nicht den Teufel an die Wand malen – aber zum Beispiel die Weltgesundheitsorganisation hat die Schweinegrippe zur Pandemie hochgestuft. Es kann also ganz leicht eine Katastrophe für die ganze Welt werden, wenn das Virus erst mal auf den Menschen übergeht ... Eine furchtbare Vorstellung! Ich meine, wie furchtbar, wenn ich mir vorstelle, dass ich in sechs Wochen die Schweinegrippe hab und hab davor sechs Wochen keinen Tropfen Bier getrunken. Obwohl ich ja diese fabelhafte Hauszapfanlage habe. Ich meine, da würde ich mich natürlich dann schon ärgern. Ich kann mir auch vorstellen – wenn ich erst mal die Schweinegrippe hab –, dass ich dann auch gar kein' Appetit mehr auf Bier hab. Außerdem: Das Bier im Sechs-Liter-Fass hält sich in der Zapfanlage sowieso nur achtundzwanzig Tage frisch. Aber ich sage Ihnen: Nein, ich bleibe hart!! Das ist doch sowieso nur Panikmache mit der Schweinegrippe – es gibt ja auch noch Tamiflu. Und die Schweinegrippe darf schon wegen der Fußballweltmeisterschaft gar nicht kommen.

Ach, verdammt noch mal, wozu hab ich denn so eine Zapfanlage!

Und die Erderwärmung nimmt auch immer mehr zu.

Weil wir alle zu viel Energie verbrauchen. Deswegen verbraucht natürlich auch meine Zapfanlage immer mehr Energie, je wärmer die Erde wird – und ich spare viel Energie, wenn ich heute ein selbstgekühltes Bier trinke.

Na ja, dann prost!

Unheilbar gesund

„Was ist denn mit Ihnen los, Klessmann? Sie humpeln ja?", fragt der Boss von der Großdruckerei seinen Lagerarbeiter.

„Nein, Chef. Das ist nichts. Mein einer Fuß hängt ein bisschen schlapp im Gelenk. Aber das stört mich weiter gar nicht. Ich hab ja noch den andern Fuß."

„Passen Sie auf", sagt der Chef. „Wenn ich feststellen sollte, dass Ihre Leistung nachlässt, muss ich mich von Ihnen trennen. Wieso machen Sie überhaupt so ein schmerzverzerrtes Gesicht?"

„Schmerzverzerrt? Auuuu! Nein, nein, das ist meine Art zu lachen, Chef. Ich bin so gern bei Ihnen, dass ich den ganzen Tag fröhlich bin. Auuuu! Auuuuu! Verdammt. Verdammt lustig, Chef."

Ja, meine lieben Freundinnen und Freunde, so heiter geht es heutzutage in vielen Betrieben zu. Auf rätselhafte Weise ist überall in den Werkstätten, in der Verwaltung, überall, wo noch gearbeitet wird, eine Gesundheitsepidemie ausgebrochen. Die Leute werden einfach nicht mehr krank. Noch nie hat es so wenige Krankmeldungen in deutschen Betrieben gegeben. Ein historischer Tiefstand, melden die Krankenkassen und die Unternehmen. Ist das nicht großartig? Wer meckert denn da nun noch immer über die Gesundheitspolitik dieser Regierung? Was interessieren denn noch Krankenkassenbeiträge und Medikamentenpreise, wenn die Leute sowieso nicht mehr krank werden? Direktor Weber von der Verwaltung im Chemie-Konzern meint: „Es liegt einfach daran, dass wir es geschafft haben, die Leute wieder für ihre Arbeit zu begeistern. Die sind so begeistert davon, zum Beispiel bei uns die Abfälle zu entsorgen, dass sie richtig Angst haben, jemand anders könnte ihnen die schöne Arbeit wegnehmen."

Nachbarin Gesine Kleinschmidt hat sich gestern aus Versehen beim Brotschneiden mit der Maschine drei Finger der linken Hand weggesäbelt. „Ja, ist nicht schön für mich", sagt sie. „Ich sitz am Computer und tipp den ganzen Tag. Da muss ich jetzt eben mit den übrigen sieben Fingern etwas schneller tippen. Wegen drei fehlender Finger kann ich mich doch nicht krank melden. Dazu hab ich meinen Job viel zu lieb."

Abgehört

Das folgende Gespräch im Kanzleramt wurde vom BND mitgeschnitten und selbstverständlich absolut geheim gehalten:

„Frau Kanzlerin, der Dalai Lama hat sich schon wieder angemeldet."

„Um Gottes willen, was will denn der schon wieder?"

„Was wird er schon wollen: Autonomie für Tibet oder so. Ich soll Sie ganz herzlich von ihm grüßen. Er sagt: Sie sind seine beste Freundin, Sie sind so mutig, er bewundert Sie und hat Sie sehr lieb."

„Ja, ist ja gut. Wir haben ja auch neulich zwei Stunden lang zusammengesessen und Tee getrunken. Das erste Mal, dass einer keine Strümpfe anhatte hier bei mir im Kanzleramt."

„Er sagt, er freut sich, Sie wiederzusehen, Frau Bundeskanzlerin. Er möchte am liebsten jede Woche einmal mit Ihnen Tee trinken."

„Um Gottes willen, nur das nicht. Die Chinesen haben wochenlang rumgemault. Von der Industrie haben wir seitenlange Protestschreiben gekriegt."

„Aber der Lama sagt: Er weiß genau, dass Sie sich auch auf ihn freuen würden. Sie hätten ihm gesagt, dass Sie ihm immer beistehen wollen. Und zum Abschied, sagt er, haben sie beide sich gen Osten verneigt und zusammen ganz laut Ommmmmmm! gemacht. Und er hat Sie sehr, sehr gern. Weil Sie so mutig sind und zu ihm stehen."

„Ja, ist ja gut. Muss ich nicht diese Woche sowieso irgendwohin reisen? Nach Grönland oder so? Da muss doch jetzt wieder das Eis schmelzen."

„Augenblick mal, Frau Merkel. Sie sind doch überhaupt diese Woche in Brasilien!"

„Ja, wusste ich doch. Gott sei Dank. Dann schicken Sie den Lama mal zuerst zu Frank-Walter Steinmeier und anschließend zu Guido Westerwelle."

„Gute Idee, Frau Kanzlerin. Dann kommt der Lama auch bestimmt so schnell nicht wieder."

Alles uninteressant!

Ich sage: „Verena", sage ich, „weißt du, dass wir schon wieder 28 800 Euro Schulden mehr auf dem Buckel haben als ohnehin? Wir sind pleite! Jeder Bundesbürger muss 28 800 Euro Schulden bezahlen, mit denen die Regierungen uns verschuldet haben. Das Finanzamt schreibt schon die Zahlungsaufforderungen aus!"

„Interessiert mich nicht", sagt sie.

„Wie bitte? Das interessiert dich nicht? Interessiert dich dann vielleicht, dass du von jetzt an kein Salz mehr benutzen darfst?"

Aber sie guckt nicht mal hoch.

Ich sage: „In den Salzbergwerken, wo der Atommüll für dreißigtausend Jahre gelagert ist, läuft schon nach vierzig Jahren überall die Lauge aus. Und die ist radioaktiv verstrahlt. Nicht mal unser Salz ist noch sicher."

„So?", sagt sie. „Interessiert mich nicht."

„Interessiert dich nicht? Interessiert dich dann vielleicht, dass die Regierung bald wieder Essenmarken ausgibt wie nach dem Zweiten Weltkrieg? Jeder kriegt nur hundert Gramm Fett die Woche, Mehl, Nudeln, Fleisch – alles wird rationiert. Warum? Weil fünfzig Prozent der Frauen zwischen achtzehn und achtzig zu dick sind."

„Betrifft mich nicht", sagt sie.

„Noch vielleicht nicht", sag ich. „Aber damit es nicht so weit kommt, gibt es bald nur hundert Gramm Süßigkeiten zu Ostern und einen halben Schokolanden-Weihnachtsmann pro Person zu Weihnachten. Alkohol wird total verboten."

„Na und?", sagt sie.

„Mein Gott, was ist denn los mit dir? Lafontaine hat eine Atombombe. Die hat er sich im Fliegerhorst Büchel besorgt. Da liegen noch zwanzig weitere einfach so herum. Und der Zaun ist kaputt. Wahrscheinlich lässt Oskar sie hochgehen, wenn nicht sofort alle Millionäre standrechtlich erschossen werden."

„Interessiert mich nicht", sagt Verena.

„Dass Atombomben bei uns im Lande einfach so herumliegen, interessiert dich nicht?!"

„Wir sind im Finale!", sagt sie. Und strahlt vor Glück.

„Deutschlands Frauen im Finale!"

Plus und Minus

Zu den größten Katastrophen der Menschheit gehört es ohne Frage – wenn die Batterie leer ist. Die Autobatterie, meine ich. Für einen Mann ist das zwar keine Katastrophe – aber doch für eine Frau.

„Was soll ich bloß machen? Meine Batterie ist leer!", ruft meine Frau, während ich an großen schriftstellerischen Werken arbeite. Da wird dann ganz selbstverständlich von mir erwartet, dass ich meinen hohen, geistreichen Gedankenflug unterbreche, als wenn das überhaupt nichts wäre – und zum Tatort eile.

Dort steht dann also meine Frau hilflos vor ihrem Kleinwagen, die Motorhaube ist hochgeklappt, und sie sieht mich fragend an. „Kein Problem", sage ich. „Wir können die Batterie von meinem zu deinem Wagen überbrücken. Wo ist das Überbrückungskabel?" Das Überbrückungskabel ist natürlich beim Nachbarn und der ist nicht zu Hause. Aber die andere Nachbarin hat alles schon beobachtet und kommt eilig mit einem Überbrückungskabel angelaufen.

Ich will es von Batterie zu Batterie anschließen und überlege kurz. Von der Taschenlampe her weiß ich: Immer Plus an Minus und Minus an Plus, dann addieren sich die Ladungen. Aber die Nachbarin: „Nein, nein: Rot an Rot und Schwarz an Schwarz. Rot ist Plus und Schwarz ist Minus." Ich sage: „Gute Frau, wollen Sie die Gesetze der Elektrizität neu schreiben? Wie soll denn da der Strom noch fließen, wenn Minus an Minus und Plus an Plus!" – „Ja", sagt sie, „Sie müssen dann den Motor mit der intakten Batterie starten und danach dann den anderen." Ich sage: „Hören Sie mal, ich halte diese Diskussion für überflüssig. Gucken Sie doch mal in Ihre Taschenlampe. Minus an Plus und Plus an Minus."

Das wäre ja nun noch schöner, wenn eine normale Hausfrau das besser wüsste – und überhaupt: Plus und Plus, die stoßen sich doch ab wie Minus und Minus. Das weiß doch jeder kleine Junge.

Nur die Autobatterie wusste es nicht. Hat den physikalischen Gesetzen nicht gehorcht und ist einfach durchgeschmort bei Plus an Minus.

Aber dafür kann ich doch nichts! Gibt eben auch Ausnahmen im physikalischen Bereich.

Die Nachbarin grinst jetzt immer so unverschämt, wenn wir uns begegnen.

Die Bienen hauen ab

Die Erklärung ist ganz einfach: Sie haben jetzt endgültig die Schnauze voll, die Bienen. Die Imker sind schon verzweifelt. Die Bienen sterben. Oder was noch schlimmer ist: Sie sind abgehauen. Der Imker macht den Bienenstock auf – und die Bienen sind weg. Man findet nicht mal ihre Leichen in der Nähe. Sie sind einfach weggeflogen, sie haben die Nase voll.

Ich muss mich ja sowieso wundern, dass sie es sich so viele Jahre, sogar Jahrhunderte haben gefallen lassen. Sie arbeiten und arbeiten und sie sammeln und sie sammeln – fliegen den Nektar Tag für Tag fleißig in den Bienenstock. Sorgen für den Winter vor. Und was passiert? Jedes Mal kommt der Imker, nimmt ihnen den Honig weg und gießt dafür Zuckerwasser rein.

Und was das Gemeinste ist: Sie dürfen nicht nur irgendeinen Nektar sammeln. O, nein: Bitteschön, diesmal soll es Fliederhonig werden oder Heidehonig, nein, heute hätten wir aber gerne mal Bergblütenhonig. Alle mal herhören: Es werden sieben Kilo Kastanienhonig gewünscht. Jetzt aber los, los, bisschen plötzlich! Nächstens brauchen wir dann auch mal Eukalyptushonig. Jawohl, Herr Chef, wird gebracht. Und wir freuen uns schon jetzt wieder auf das Zuckerwasser, das wir dafür kriegen.

Da muss man doch allmählich mal begreifen, dass die lieben Arbeitsbienen jetzt die Schnauze (oder sagt man: den Rüssel?) voll haben.

Wie ich höre, sind sie allesamt noch vorher schnell aus der SPD ausgetreten, weil die ihnen ihr Zuckerwasser ja sogar noch verdünnt hat – und dann nix wie weg.

Wenn die Natur nur vier Jahre ohne Bienen auskommen muss, bricht der größte Teil der Lebensmittelproduktion zusammen. Keine Blüte wird bestäubt, dann gibts kein Obst, kein Rapsöl, kaum noch Blumen. In zehn Jahren ist die ganze Menschheit verschwunden.

„Na und?", sagt Arbeitsbiene Klara. „Sollen sie doch bis dahin ihr Zuckerwasser selber trinken! Bssssssss!"

Echt echt oder unecht echt

Sie haben es bestimmt gelesen: Im Hamburger Hafen hat der Zoll hundertsiebzehn Container mit gefälschten Markenartikeln konfisziert. Sportschuhe von Nike oder Adidas, Uhren von Festina und Breitling und so weiter. Alle Artikel sind geschreddert worden, zu kleinen Stücken zerrissen.

Das Gefährliche an diesen Falsifikaten ist ja: Man kann sie praktisch nicht von den echten Marken unterscheiden. Sie sind so täuschend echt hergestellt, dass sogar Wissenschaftler im Labor sie nicht mit letzter Gewissheit identifizieren können. Es soll schon vorgekommen sein, dass im Labor echte Markenartikel für falsche gehalten wurden.

Unsere Haushaltsgehilfin zum Beispiel kommt einmal im Jahr aus ihrem Urlaub in der Türkei zurück – und ist so was von vornehm gekleidet – Dolce & Gabbana-Jäckchen, dazu eine Bogner-Hose und eine Louis-Vuitton-Tasche am Arm, dass wir schon ein schlechtes Gewissen haben, wenn sie bei uns sauber macht.

Nun aber ist etwas Unheimliches geschehen. Aus angeblich gut unterrichteter Quelle wird soeben bekannt: Bei dem großen Coup im Hamburger Hafen handelt es sich um einen großen Irrtum. Da sollen nämlich zwei Riesenlieferungen verwechselt worden sein.

Die mit den richtigen Markenartikeln haben sie aus Versehen geschreddert. Allerdings, woran sie festgestellt haben, dass es die richtigen waren, ist nicht ganz klar. Es ist jetzt aber zu befürchten, dass die gefälschten Artikel in den Handel gelangen und als echte verkauft werden. Obwohl auch das nicht nachzuweisen ist. Aber allein diese Unsicherheit, dass nun vielleicht einige Frauen immer zweifeln: Ist meine Gucci-Tasche nun echt oder nicht? Ist mein Schuh ein Puma-Schuh oder ein Pseudo-Puma-Schuh?

In dieser schrecklichen Situation kommt nun meine Frau ins Spiel. Ich habe sie gefragt: „Woran würdest du denn einen gefälschten Markenartikel erkennen?" – „Das hab ich einfach im Gefühl", sagt sie. „Beweisen kann ich es nicht. Aber ich fühle es."

Deshalb mein Angebot: Sollten Sie irgendwie im Zweifel sein, ob echt echt oder unecht echt – schicken Sie die Sachen meiner Frau.

Die kann sie unterscheiden. Als Einzige.

Entschuldigen Sie bitte

Neulich vor Gericht hat der Hartz um Entschuldigung gebeten. Es tut ihm leid, sagt er. Das mit der Bestechung des Betriebsrats tut ihm leid. Na, Gott sei Dank, denkt unsereiner da – dann ist ja alles wieder gut.

Oder der Manfred Krug vor einiger Zeit. Lange genug hat es ja gedauert. Klar, er hoffte wohl, dass die T-Aktie doch noch mal wieder steigt. Dann hätte er doch noch gut dagestanden. Aber da sich da nichts rührt, hat er sich nun entschuldigt. Es tut ihm echt leid, sagt er, das war der größte Fehler seines Lebens. Dass viele Anleger ihre Ersparnisse verloren haben, weil sie sich auf den Kommissar verlassen hatten, das ist ihm jetzt unangenehm. Entschuldigen Sie bitte, sagt er. Na, Gott sei Dank, dann ist ja alles wieder gut.

Sogar der Ackermann, glaub ich, hat sich mal irgendwann entschuldigt – für sein V-Zeichen. Das war nicht so gemeint. Entschuldigen Sie bitte. Na, Gott sei Dank, dann soll er auch seine Millionen alle behalten. Er hat sich entschuldigt. Mehr will man ja nicht.

Oder der RAF-Fundi Christian Klar jetzt wieder. Ob sie ihn nun begnadigen sollen oder nicht, da gibt es geteilte Meinungen. Aber fast alle sagen: Wenn er sich wenigstens entschuldigen würde!

Er braucht ja nur mal zu sagen: Entschuldigung für

die paar Morde, tut mir jetzt echt leid. Dann wär man doch erleichtert: Ja, ist ganz schön schlimm, was er angerichtet hat. Aber er hat sich ja entschuldigt.

Ach, es passieren die dümmsten und schlimmsten Sachen in der Welt. Aber ein bisschen später ist meistens alles wieder gut. Irgendwer hat sich ja wieder entschuldigt.

Sollten Sie diese Zeilen jetzt gelangweilt haben, verehrte Leserin, verehrter Leser?

Dann entschuldigen Sie bitte, tut mir echt leid.

Allah kommt nicht zum Karneval

Na, Gott sei Dank, wenigstens sind sie so einsichtig, die Karnevalsvereine, dass sie gelobt haben, sich zurückzuhalten beim diesjährigen Rosenmontagszug. Über fremde Religionen wollen sie sich auf gar keinen Fall lustig machen. Denn das wäre ja auch hundertprozentig schiefgegangen. Ganz einfach, weil wir hier im Christentum ja noch mindestens fünfhundert Jahre in unserer Entwicklung zurück sind und zum Beispiel nicht diese hohe Sensibilität in Gottes- und Prophetenfragen haben wie die Muslime.

Auf dem vorigen Düsseldorfer Rosenmontagszug – da haben sie es doch tatsächlich fertigbekommen, diese Religionsgefühlsverletzer: Sie hatten einen Wagen dabei – da war Furchtbares zu sehen: Ein Scheiterhaufen. Und darauf eine gefesselte Frau. Die hatte ein Schild um den Hals: „Ich habe abgetrieben!" Und am Fuße des Scheiterhaufens stand kein anderer als Kardinal Meisner – mit einer Fackel, um den Scheiterhaufen anzuzünden. Und darüber als Motto: „Traditionspflege". So was Geschmackloses. So schlimm könnten es ja noch nicht einmal dänische Karikaturisten treiben. Ohne jede Rücksicht auf religiöse Gefühle. Ich möchte nicht wissen, was Kardinal Meisner angesichts dieser Beleidigung empfunden hat! Wie bitte? Ach so,

Sie meinen, der Kardinal hat das vielleicht gar nicht als Karikatur verstanden – sondern mehr als Darstellung seines Religionsverständnisses? Ja, könnte sein – und deswegen hat er seine Fundamentalisten gar nicht erst losgeschickt.

Aber das war doch kein Einzelfall. Die Geschmacklosigkeit gipfelte doch in dem Wagen über den ehemaligen US-Präsidenten Bush. Er wurde doch tatsächlich dargestellt mit dem Kruzifix – aber das Kruzifix in seinen Händen war – um Gottes willen! – nein, nicht etwa eine Bombe mit Zündschnur – nein, viel schlimmer: Das Kruzifix war ein Raketenwerfer. George W. Bush am Abzug schoss damit auf Bagdad und den Irak. Aber was hat der Papst gemacht? Gar nichts. Benedikt ist sogar zum Weltjugendtag nach Köln gekommen – in eine dieser Brutstätten der Ketzerei.

Also, ich muss schon sagen: Da können sich die Muslime wirklich freuen, dass sich die Karnevalisten diese Zurückhaltung auferlegt haben. Stellen Sie sich mal vor, da würde Allah mit einem Bonbongürtel aus Karamellbonbons ... also nein, ich mag nicht dran denken. Sehr gut, diese Entscheidung der Karnevalisten: Wir hier im Christentum sind eben noch nicht so weit in unserer religiösen Sensibilität.

Hungerhilfe

Wir hatten ja in dieser Woche den Welternährungstag. Da wurde immer wieder die dumme Frage gestellt: Wenn die Regierungen der USA und Deutschlands und anderer Länder den Banken Milliarden in den Rachen werfen können, damit die nicht eingehen, wieso können sie dann nicht auch den Hungernden und Verhungernden in der Welt mit Milliarden helfen, damit sie satt werden?

Aber nein, da hört man: Das funktioniert irgendwie nicht. Mit Geld kann man die Hungernden nicht satt machen. Bei den Banken geht das. Denen steckt man das Geld einfach oben rein und dann verschlingen sie es in Sekundenschnelle und verdauen es auch. Verarbeiten es sofort und strahlen wieder vor Gesundheit. Satt werden sie von den Milliarden zwar auch nicht, sie kriegen immer wieder neuen Hunger. Aber vorübergehend ist erst mal der schlimmste Hunger gestillt.

Nur bei den hungernden und verhungernden Menschen – in Somalia oder Äthiopien zum Beispiel und anderswo – da funktioniert das nicht. Aber warum? Ja, hören wir dann: Der Hunger der Banken ist eben ein ganz anderer Hunger als der Hunger der Verhungernden. Die Verhungernden können Geld einfach nicht verdauen. Wie ja dieser weise alte Indianer schon vor

100

langer Zeit gesagt hat: Ihr werdet feststellen, dass man Geld nicht essen kann. Das gilt aber, wie wir jetzt sehen, nur für die Menschen. Die Banken schlingen das Geld nur so weg und ernähren sich prächtig davon. Nur die Hungernden, die kriegen es einfach nicht runter, das Geld. Das ist tragisch. Weil ja so viele Milliarden in der Welt sind, dass die Regierungen es bestimmt immer und immer wieder versucht haben, die Hungernden satt zu machen. Aber es hat ja keinen Zweck. Die können das Geld ja nicht essen. Das ist der Grund.

Oder können Sie sich erklären, warum der eine Teil der Menschheit den anderen verhungern lässt – und nur die Banken dabei satt werden?

In 24 110 Jahren

Ich weiß gar nicht, warum es alle Jahre wieder so ein großes Geschrei um den Atommüll in der Asse gibt. Erledigt sich doch sowieso alles von selbst.

Sicher, es hat da Versäumnisse gegeben. Aber trotzdem ist doch bereits eine Besserung eingetreten. Der Atommüll, der vor vierzig Jahren dort eingelagert wurde, strahlt schon nicht mehr so stark wie am Anfang. Jeder Schüler weiß aus dem Physik-Unterricht, dass radioaktive Strahlung sich abbaut. Plutonium 239 zum Beispiel hat eine Halbwertszeit von 24 110 Jahren. Das heißt: nach 24 110 Jahren strahlt nur noch die Hälfte des Materials. Und nach noch mal 24 110 Jahren strahlt auch schon die Hälfte der Hälfte nicht mehr.

Davon sind nun aber bereits vierzig Jahre vergangen. Also dauert es nur noch 24 070 Jahre, bis die Hälfte nicht mehr strahlt. Da muss man doch zugeben: Das Atommüll-Endlager Asse wird von Jahr zu Jahr sicherer. Na gut, da werden Sie nun sagen: 24 110 Jahre ist eine unvorstellbar lange Zeit. Aber darum geht es ja nicht. Die Atomindustrie hat uns immer versprochen: Die Asse wird absolut sicher.

Und – immerhin jetzt ist sie schon vierzig Jahre sicherer. Wenn wir jetzt noch mal fünfzig Jahre rechnen, bis unsere Ministerien die Sache im Griff haben –

dann sind es nur noch 24 020 Jahre bis zur absoluten Sicherheit. Ja, gut, Pessimisten sagen: Dann gibt es die Menschheit gar nicht mehr.

Na bitte, sag ich doch: Erledigt sich alles von selbst.

Irgendwann wird alles gut

O, wie schön: Ein Komet ist auf Kollisionskurs mit der Erde. Der Zusammenprall wird die ganze Menschheit vernichten. Schlimmer als jeder Atomkrieg.

Am ersten Oktober pünktlich achtzehn Uhr siebenundzwanzig schlägt er ein. Ich werde mein hundertstes Strafmandat, das ich wegen Falschparkens erwarte, gar nicht mehr bekommen. Der verrückte Ahmadinedschad verliert die Lust, einen Atomkrieg anzufangen. Wozu der Aufwand, wenn sowieso alles zu Ende ist? Obwohl natürlich: Das Verkehrsamt wird schon Mittel und Wege finden, mir auch nach der Vernichtung der Menschheit den Bußgeldbescheid zuzustellen. Die sind da ja hartnäckiger als jeder Weltuntergang.

Die SPD braucht sich auch keine Sorgen mehr zu machen. Sie ist ja sowieso schon nicht mehr da. Am ersten Oktober kommt der Komet. Er kracht auf die Erde, die Erde gerät aus der Bahn, Putin und Gaddafi und die ganze Hamas mitsamt dem Papst und Angela Merkel fliegen ins Weltall, das Erdöl spritzt in die Gegend, das Erdgas sagt Zisch, Harald Schmidt und die ganze ARD mit allen Angestellten, Pförtnern, Platzhirschen, Wichtigtuern und dem gesamten Kantinenpersonal – alles wird zu Staub in einem einzigen Augen-

blick, die Müllabfuhr braucht unsern überfüllten Müll-
eimer gar nicht mehr zu entleeren – es wird sowieso
alles zu Müll – und das Meer steigt in den Himmel und
die Berge krachen ins All und das Ozonloch hat sowieso kein Ozon mehr und meinen zweiten braunen Wild-
lederschuh, der seit gestern verschwunden ist – ich
muss ihn nicht mehr suchen, denn auch der erste wird
für ewig verschwunden sein – und mich gibts auch
nicht mehr!

Ist das nicht schön?

Immer dieses Gejammer der Naturschützer: Die
Menschheit richtet die Natur zugrunde. Falsch! Es
kommt zum Glück doch umgekehrt: Die Natur richtet
die Menschheit zugrunde – alles nimmt ein natür-
liches Ende. Wunderbar.

Er war ja auch schon überfällig. Alle hundert-
tausend Jahre kommt ein Komet angerast. Dieser hat
schon zwanzigtausend Jahre Verspätung. Wird also
langsam Zeit!

(0, Entschuldigung, ich lese grade: Er fliegt um
zweieinhalb Millionen Kilometer an der Erde vorbei.
Astronomisch gesehen: Daumennagelbreite. Na, schade. Dann eben beim nächsten Mal.)

105

Kampf am Strand

Strandkörbe sind alle besetzt, alle vermietet. „Kommen Sie wieder, wenn es mal regnet", hat die dicke Strandkorbvermieterin gesagt.

So ist das immer im Leben, wenn man zu spät kommt. Die anderen haben es geschafft – sitzen alle selbstzufrieden in ihren Strandkörben und unsereiner gehört wieder zu den Besitzlosen, steht dämlich rum am Strand und hat keinen Schatten. Aber zum Glück gibt es ja diese Ersatzstrandkörbe für Arme: diese Muscheln, diese halben Ein-Mann-Zelte. Und so eines bau ich mir jetzt auf. Hab tatsächlich noch zwei Quadratmeter freie Strandfläche gefunden. So eine Muschel aufbauen, das ist ja ein Klacks. Nur dumm, dass jetzt so ein kräftiger Wind aufkommt. Wie gehört jetzt diese Zeltplane richtig herum? Flattert wie ein Segel, bläht sich auf ... Halt! Halt! – wird mir fast aus den Händen gerissen, ich hechte hinterher ...

Im Strandkorb hinter mir sitzt Nicole Kidman und sieht sehr interessiert zu. Das macht mich nervös. Ich muss nur zuerst die lange Stange durch die Schlaufe stecken und durchschieben – nein, vorher muss ich sie zusammenstecken – jetzt hakt sie aber – und der Wind fasst wieder dahinter ... verdammt, ich glaube, ich habe das lange Gestänge in die Schlaufe für die kurzen gesteckt … und Nicole Kidman, die Bikinischönheit, guckt immer noch zu. Sie grinst und fängt an zu kichern. Verdammt, wie soll man denn so eine Scheißmuschel alleine aufbauen, wenn der Wind sie erfasst und knattert und flattert … Was ist überhaupt der Boden? Was ist innen? Was ist außen?

Ja, ja, ist ja gut, verehrter Leser, ich weiß, es gibt wichtigere Probleme auf der Welt, aber ich kämpfe hier einen verzweifelten Kampf gegen den Wind und die Planen und das Gestänge, der Sand weht mir in das Gesicht – und Nicole Kidman, diese blöde Bikinimieze, sitzt da und lacht jetzt aus vollem Hals. Das muss ja wohl zu komisch aussehen, wie mir das Zelt über den Kopf geklappt ist. Jetzt werfe ich mich mit dem ganzen Körper auf die Zeltplane. Nicole, die dämliche Strandbiene, kann sich vor Lachen kaum noch einkriegen. Sitzt da in ihrem Strandkorb und lacht und lacht.

Aber so ist das eben: Die einen liegen auf dem Boden und kämpfen um ihre Existenz und die anderen gucken mitleidlos zu und amüsieren sich noch darüber.

Die Kondom-Sachverständigen

Endlich hat sich mal ein echter Sachverständiger mit dem Thema „Kondom gegen Aids" befasst. Kardinal Javier Lonzo Barragan hat dem Papst eine zweihundert Seiten starke Studie über die Verwendung und Wirkung von Kondomen vorgelegt. Das heißt: Der Mann hat sich wirklich gründlich damit beschäftigt. Er hat die Dinger wahrscheinlich ausgepackt und nachgemessen, gegen das Licht gehalten und wahrscheinlich aufgeblasen und festgestellt: Sie sind aus einem hauchdünnen gummiartigen Material. Dann hat er sicherlich mal Wasser reingegossen und geprüft, ob diese länglichen Luftballons überhaupt dicht sind. Man darf aber davon ausgehen, dass er sie nicht selber in ihrer eigentlichen Bestimmung prüfen konnte. Das nehme ich jedenfalls zu seinen Gunsten an. Er sollte ja praktisch als Kardinal keinerlei Erfahrung darin haben, wie diese Produkte sich bei der Originalverwendung anfühlen – und schon gar nicht nach der Anwendung.

Wahrscheinlich hat er auch lange darüber nachgegrübelt, weshalb es Kondome in verschiedenen Geschmacksrichtungen gibt: Erdbeergeschmack oder Joghurt mit Pflaume. Ich bin deswegen nicht sicher, ob der Kardinal den Heiligen Vater wirklich gründlich informieren konnte. Darauf lassen auch einige Hinweise schließen. So hört man zum Beispiel: Wenn Kondome erlaubt werden sollten, dann nur im äußersten Notfall. Hier allerdings liegt in der Praxis ein großes Problem: Im äußersten Notfall ist es nämlich meistens schon zu spät.

Aber es beruhigt uns doch, dass die Glaubenskongregation das Schriftstück jetzt prüfen wird. Wohlgemerkt: das Schriftstück, nicht die Kondome. Sicherlich freuen sie sich schon alle auf die Prüfung, von der sie sich eine Erleuchtung versprechen: „Ahhh, so funktionieren die Dinger! Das wussten wir ja gar nicht."

Wie bitte? Sie meinen, der Bericht befasst sich vielmehr mit den vielen Millionen von Menschen, die sterben mussten, weil Kondome für Katholiken verboten waren? Ach, nein, das glaube ich nicht. Das hat den Vatikan doch bisher auch nicht erschüttert!

Pfingsterleuchtung

„Was gibt es denn vor Pfingsten Neues aus der Abteilung Menschheit auf der Erde?", fragte der stellvertretende Himmelssekretär in der Wolkenkantine den zuständigen Sachbearbeiter-Engel für Menschheitsangelegenheiten. „Pfingsten ist schließlich das Fest der Erleuchtung. Haben sie neue Erkenntnisse?"

„Na ja", sagte der Sachbearbeiter-Engel. „Sie basteln wieder an der Materie herum, spielen wie kleine Kinder mit Feuerwerk und machen BUMM-BUMM. Das finden sie toll und wollen anderen damit bange machen."

„Ach so. Aber das ist ja keine neue Erleuchtung."

„Nee, eigentlich nicht. Sie spielen auch immer noch mit ihrem Lieblingsspielzeug Auto. Nächtelang sitzen sie und rufen tüüüüt tüüüüt und schieben ein sogenanntes Opel-Auto hin und her – keiner will es wirklich haben, aber alle wollen damit spielen."

„Das ist doch auch nicht neu. Gibt es nicht neue Erkenntnisse? Zu Pfingsten, dem Fest des Heiligen Geistes und der Erleuchtung?"

„Sie haben schon wieder erkannt: Eine Milliarde Menschen haben nichts zu essen, die müssen hungern und verhungern. Aber die übrigen werden zu fett. Die haben zu viel zu essen."

„Das ist eine Verblendung und keine Erleuchtung! Gibts denn gar keine Pfingsterleuchtung oder so?"

„Na ja. Erleuchtung ... Sie haben in Japan einen Affen gezüchtet, der leuchtet an den Füßen. Und die Affenkinder erben das und leuchten dann auch an den Füßen."

„Na bitte, das ist doch mal was", freut sich der Himmelssekretär. „Dann haben ja wenigstens ein paar Affen auf der Erde eine gewisse Pfingsterleuchtung!"

4

Wir sind Papst

Zahn um Zahn!

Ich hatte meinen Kleinunternehmer-Musterkoffer im S-Bahn-Kiosk stehen lassen und kam zurück zum Kiosk. Die Kiosk-Frau hatte bestimmt einen Schreck bekommen, als sie ihn fand und öffnete: Zahnprothesen auf eine Pappe aufgezogen. Sechs gebrauchte Zahnprothesen. O Gott!

Ich habe versucht, es ihr zu erklären:

„Es ist nämlich so. Ich bin Kabarettist und da spiele ich eine Szene als Kleinstunternehmer. Der Mann hat den Einfall: Man könnte doch gebrauchte Gebisse aufbewahren und wieder neu verwenden, weil doch die Krankenkassen den Zahnersatz nicht mehr voll bezahlen. Und nun bin ich – also nicht ich, sondern der Mann, den ich spiele – auf die Idee gekommen: Man lässt sich einfach von Verwandten und so weiter die Genehmigung geben, wenn sie gestorben sind, darf man ihr Gebiss haben, wenn es noch in Ordnung ist. Wem ein solches gebrauchtes Gebiss passt, der zahlt dann eben nur zwanzig bis dreißig Euro."

„Wie bitte?", fragte die Kiosk-Frau. „Sie wollen den Leuten gebrauchte Gebisse verkaufen?!"

„Ja", sagte ich. „Aber nicht nur – auch auf Leasing-Basis! Wenn jemand ein Gebiss vielleicht nur mal übers

Wochenende braucht – für seine Silberne Hochzeit oder so."

„Das ist ja furchtbar", sagte die Frau „Was andere Leute schon im Mund gehabt haben!" Sie sah mich an, als wenn ich ein Sittlichkeitsverbrecher wäre.

„Bitte glauben Sie mir", sagte ich, „wenn das Gesundheitsministerium davon erfährt, dann wird das Gesetz!"

„Jetzt geht es also schon los", schimpfte die Frau. „Jetzt wollen sie uns schon gebrauchte Gebisse verschreiben."

„Nein", sagte ich, „das ist ja nur so eine Idee von mir fürs Kabarett."

„Grässlich", sagte die Frau. „Nehmen Sie Ihren Koffer und hauen Sie ab!"

Satire hat es aber auch wirklich schwer. Man kann noch so absurde Einfälle haben – die Leute halten einfach nichts mehr für unmöglich!

Speak German!

Nun wird es also ernst, last order sozusagen.

Ausländer, die zu ihren Partnern nach Deutschland ziehen wollen, müssen einen Test in deutscher Sprache absolvieren. Sonst kommen sie gar nicht erst rein. Da sage ich: Also gut – aber wenn schon, dann auch gleich richtig. Der Bundestagspräsident hat uns aufgefordert, wieder Deutsch zu sprechen und nicht mehr dieses Denglisch und diese schrecklichen Anglizismen. Also, verehrte Immigranten – Entschuldigung: liebe Zuwanderer: Es heißt nicht „Airbag", sondern Luftsack, falls Sie sich ein Auto kaufen wollen. Im Einkaufszentrum – also nicht im Shopping-Center! – sagen Sie also bitte: Ich hätte gern einen „Kaffee zum Gehen" und nicht etwa Coffee to go.

Sagen Sie auch bitte: Ich gehe jetzt zum Haarebändiger und nicht wie die jungen Leute hierzulande zum „Hairdresser". Im Lebensmittelgeschäft (ist deutscher als Supermarkt) kaufen Sie nicht etwa „Ketchup" ein, sondern Tomatenmarkmus, auch keinen „Toast", sondern Röstbrot. Scheuen Sie sich auch bitte nicht, bei der Arbeit am Bildschirm den etwas missverständlichen Ausdruck „ich hol mir jetzt was runter" zu gebrauchen – wenn auch alle andern „downloaden" sagen. Und wenn Sie im Lotto gewinnen, dann reden

Sie bitte nicht davon, Sie hätten den „Jackpot geknackt" – das heißt hübsch artig: Ich habe den Hauptgewinn bekommen. Sie gehören dann zwar nicht zum „Mainstream", aber Sie sind wenigstens kein Mitläufer. Und wenn Sie sich mit jemandem am Treffpunkt treffen, dann funktioniert das genauso, als hätten Sie sich am „Meeting-Point" verabredet. Sie sind dann nur ein bisschen „out", ein bisschen „old-fashioned" – aber Sie werden schon sehen: Jeder amüsiert sich über Sie! Welcome in Germany – pardon: Willkommen bei uns in Deutschland!

Gartensymphonie

Ach ja, der Frühling ist erwacht. Die Lüfte sind wieder erfüllt von den Frühlingsgesängen. Rrrrrrrrrrr, Rrrrrrrrrrrrr, Rrrrrrrrrrrr! macht die elektrische Gartenschere; der Nachbar stutzt bereits seine Hecke. Welch lieblich-schnarrender Ton. Das Garten-Symphonieorchester ist erwacht mit den abenteuerlichsten Instrumenten. Ganz vorn natürlich der Pressluftreiniger. Hei, da wird jetzt wieder unerbittlich gekärchert, wrummm-wrummm-wrumm uiiiii-uiiiii-uiiiiii, dass die Häuserwände zittern. Der Gartenfreund hat den Vernichtungsfeldzug gegen Algen und Unkraut wieder aufgenommen. Unerbittlich macht er den ersten Trieben in den Ritzen zwischen den Fliesen den Garaus. Sssssssss-Sssssss-Sssssssss! Der Rasen ist zwar noch gar nicht wieder gewachsen, aber es ist doch so ein geiles Gefühl, den Rasenmäher endlich anzuwerfen, besonders den Benziner – rattattat-rattatat-rattattat-rattattat zieht er los – er darf doch nicht fehlen im Gartenkonzert. Auch der Vertikutierer ertönt schon wieder in alter nervtötender Weise. Päng-päng-päng-päng-päng-päng! Und nicht zu vergessen: der gute alte Häcksler. Hinein mit den übrig gebliebenen Zweigen und Ästen aus dem vergangenen Jahr. Krrrrrrr-Krrrrrrr-Krrrrrrr! Das kracht und ballert und

118

dröhnt und knallt, ein Höllenlärm – dass es nur so eine Freude ist. Dazu kommt noch die Baumsäge – rrrrrrrrrrämmmmm, rrrrrrämmm, rämm-rämm-rämm – geht sie den Bäumen und Büschen an die Äste. Mit einem Wort: Es ist wieder Leben im Garten!

Hat da irgendwo ein Dompfaff gepfiffen? Weiß nicht. Konnte ich nicht hören.

Schön ist die Welt

Die Störche scheint die Finanzkrise nicht zu interessieren. Die kommen hier einfach so aus Afrika angeflogen und landen ohne Höhenmesser auf den Dächern und Feldern, als wenn alles noch in Ordnung wäre im Lande.

Hat sich die Verzweiflung nicht bis nach Afrika herumgesprochen?

Und sehen Sie mal da: Schneeglöckchen kommen aus dem Boden und blühen vor sich hin – sogar aus ganz ungepflegten Beeten – und grüßen die Welt: „Hallo, da sind wir wieder, wie jedes Jahr. Was gibt es diesmal Neues?"

Ebenso die Krokusse. Ist ja nicht zu fassen! Die formieren sich richtig zu ganzen gelben, lila, blauen und weißen Blütenfeldern. „Ach, wie schön", hört man sie flüstern, „wir dürfen wieder blühen in dieser herrlichen Welt. War inzwischen irgendwas?"

Ich leg mich auf den Boden und flüstere ihnen zu: „Ja, hier ist allerhand los! Alle sind ganz schön aufgeregt hier. Haben schon wieder Angst um ihre Arbeitsplätze. Die Europäische Zentralbank hat den Leitzins auf 1,5 Prozent gesenkt, den niedrigsten Stand seit Einführung des Euro. Und der Dax, sag ich euch: eine Katastrophe, praktisch im freien Fall; die amerikanische Wirtschaft liegt am Boden – und ein Meteor ist grade noch so eben und eben an der Erde vorbeigerast!"

„Ach so", säuseln die Krokusse, als hätten sie gar nicht richtig zugehört, „dann ist ja alles in Ordnung. Schön ist die Welt. Und wir sind wieder da!"

Machtgefühl

Ich wollte nur mal sagen: Was Macht ist, wie schön es sein kann, Macht zu haben und auszuüben, das kenne ich:

Herr Humpelbein Schneider hatte uns nämlich den Fußball weggenommen. Weil wir im Innenhof damit gespielt hatten. Das hatte er Edgar und mir verboten. Und jetzt wollte er den Fußball nicht wieder herausgeben, der alte Knacker mit dem Humpelbein.

Er wusste aber noch nicht, dass Edgar und ich am längeren Hebel saßen: Wir hatten nämlich den Wasserhahn. Und der war außen am Hinterhaus.

Humpelbein war grad dabei, seinen großen Garten vor dem Haus zu bewässern. Wichtig stand er da auf seinem Rasen und hielt den Wasserschlauch schräg in die Luft. Aber mit einem Mal fiel der stolze Wasserstrahl in sich zusammen. Tropf, tropf, tropf. Humpelbein Schneider musste nachsehen: Was ist da los? Er machte sich auf den Weg hinter das Haus.

Edgar gab mir ein Zeichen und ich versteckte mich hinter den Mülltonnen. Humpelbein drehte kopfschüttelnd den Hahn wieder auf und begab sich wieder nach vorn. Kaum fing sein Schlauch zu spritzen an, war es schon wieder vorbei. Ich hatte wieder zugedreht. Edgar gab mir ein Zeichen, ich verschwand wieder hinter der Mülltonne. Humpelbein tobte und schrie. Da machten wir ihm – ein Verhandlungsangebot: Fußball her oder der Wasserhahn wird zugedreht. Es blieb Humpelbein nichts anderes übrig: Er fluchte, aber der Fußball flog herüber.

Und danach spielten wir sogar im Innenhof.

Aber das Schönste war das Machtgefühl: Wenn wir wollen, können wir das jederzeit wiederholen. Einfach den Hahn zudrehen.

Ach, ist das schön!

Ein Kampf um Rom

Meine dreizehnjährige Tochter und ich standen in Rom im Colosseum neben einer deutschen Reisegruppe mit Führer. Der erzählte gerade über die Gladiatorenkämpfe und über die grausamen Hinrichtungsmethoden. „Da wurden dann also die Verurteilten in die Arena geführt zu den wilden Tieren ..."

Meine Tochter sog die Bildung nur so in sich ein. Aber da stieß uns eine korpulente Frau aus Hamburg an: „Gehen Sie bitte weiter, das ist unser Führer. Sie haben nicht bezahlt!" Ich reagierte nicht. Ich hörte weiter mit meiner Tochter dem Bildungsunterricht zu: „Sie rissen die Menschen in Stücke, die Arena schwamm in Blut und das Volk schrie vor Entzücken!" – „Haben Sie mich nicht verstanden? Sie gehören nicht zu unserer Gruppe?" – Ich überlegte kurz: „Ach so", sagte ich, „haben Sie das ganze Colosseum gemietet?"

Der Reiseführer steigerte sich in seinem Vortrag. „Es wurden hier auch reine Tierkämpfe auf Leben und Tod veranstaltet. Löwen gegen Stiere ..." Meine Tochter lauschte begierig – Bildungsunterricht wie noch nie in der Schule.

Aber die Dicke wurde gefährlich: „Eine Unverschämtheit, hier zuzuhören, ohne bezahlt zu haben!", rief sie. Dann rückte sie bedrohlich auf uns los. Der Reiseführer erzählte dramatisch: „Die abgerissenen Fleischstücke wurden dann unter den Zuschauern verteilt, damit sie sich diese zu Hause grillen konnten." Da schubste uns die Dicke beiseite.

Ich bekam es mit der Angst. Ich wollte nicht auch von einem wilden Tier zerrissen werden. Ich zog meine Tochter mit fort.

Auto-Gejammer

„Verräter, Verräter!", hat mein Auto geweint. „Du willst mich zum Abdecker bringen, weil du dafür eine Prämie kriegst. Schäm dich! Zehn Jahre sind wir die besten Freunde gewesen.

Nie war ich wirklich krank. Von dem Getriebeschaden mal abgesehen und dass ich manchmal die Nerven verloren habe – die du nur immer als meine Scheißelektronik beschimpfst. Viele Jahre habe ich mir Winterstiefel gewünscht, aber du hast mich immer weiter kalte Füße kriegen lassen mit meinen dünnen Sommerlatschen. Trotzdem ist nix passiert bis auf die Katze, die wir überfahren haben. Nie hab ich auf einem Inspektionstermin bestanden und meine Ölwanne hat immer schön dicht gehalten.

Und von wegen dicht gehalten: Wenn deine Frau sich neben dich setzte, hab ich da jemals auch nur angedeutet, wer vor ihr da alles gesessen hat?

Und nicht nur gesessen! Was sich auf dem Rücksitz mit der blonden Colette und mit diesem schwarzhaarigen verheirateten Flittchen Moni abgespielt hat, hab ich mit keinem Damenhaar verraten. Im Gegenteil: Ich hab nicht mal gewackelt vor zwei Wochen, als ich mitten in der Nacht ohne Licht im Wald stehen musste ...

Ich war dein Freund, dein Mitwisser, dein treuer

Diener. Na gut, ich hab ein bisschen viel gesoffen, zwölf Liter auf hundert Kilometer – aber soll ich mal verraten, wie viel und was du alles gesoffen hast, sogar noch während der Fahrt?!

Abwracken lassen willst du mich? Du bist doch selber schon ein Wrack. Und dann willst du dir auch noch so ein asketisches Schlitzaugenauto kaufen. Ein Vaterlandsverräter bist du auch noch!"

Ich hab meine Frau gebeten: „Bring du bitte meinen Wagen zum Schrottplatz. Ich halt das Gejammer nicht aus."

Tragödie

Das aufregendste Ereignis der Woche? Na, das war doch wohl einwandfrei „Der Jackpot ist geknackt". Alles andere ist doch nun wirklich unwichtig dagegen.

Nur leider: In unserer Familie hat es deswegen eine Tragödie gegeben. Warum muss denn auch meine Schwiegermutter Martha so eine Aufstellung machen und sie auch noch auf dem Küchentisch liegen lassen.

„Wenn ich die fünfunddreißig Millionen gewinne", hatte sie wie immer gesagt, „dann weiß ich, was ich damit mache." Dass sie sich ein Appartement auf Sylt kaufen wollte, hatte sie schon oft gesagt, schon bei dem Achtundzwanzig-Millionen-Jackpot.

Und eine Weltreise mit der MS-Europa war auch schon lange klar. Aber außerdem hat Oma natürlich ihren Gewinn großzügig in der ganzen Familie verteilt. Die Kinder und die noch zu erwartenden Enkelkinder sollten zusammen mindestens achtzehn Millionen kriegen – ihr Bruder und ihre kranke Nachbarin wurden auch mit je einer halben Million bedacht – und alles hatte sie fein säuberlich schon mal in ihrer Aufstellung zusammengefasst. Die lag auf dem Küchentisch. Und nur zufällig, weil sie grade in der Gegend war, kam ihre Schwester Mila zu Besuch. Martha kocht ihr einen Kaffee, Mila sitzt in der Küche und sieht den

128

Zettel. Und liest ihn einmal und liest ihn zweimal –
und findet ihren Namen nicht.

„Aha", sagt Mila, „so willst du also deine fünfunddreißig Millionen verteilen." – „ Ja", sagt Martha,
„man muss ja vorbereitet sein." – „Und warum krieg
ich nichts ab?", fragt Mila. „Um Gottes willen", sagt
Martha, „Ich hab dich vergessen. Ich hab dich glatt
vergessen. Das tut mir leid." Mila ist aufgestanden und
raus zur Tür. Hat nur noch gesagt: „Weißt du was? Du
kannst dir deine Millionen sonstwohin stecken. Ich
brauche dein Geld nicht!"

Am Morgen danach

Entschuldigung, ich komm grad aus dem Bett. Noch immer ist dieses Glücksgefühl in mir: Jetzt wird alles besser. Ja, wir können es schaffen. Wir sind doch alle Brüder, wir Menschen. Yes, we can! Gestern Abend auf der großen Verbrüderungsfeier lagen wir uns alle in den Armen. Sogar Frau Greiser, die uns noch vor zwei Wochen angezeigt hatte, weil wir angeblich Laub auf ihr Grundstück geschüttet hätten, obwohl es genau umgekehrt war – also sogar Frau Greiser hat uns die Hand gereicht und gesagt: Wir sind Nachbarn, wir müssen uns doch vertragen.

Alle hatten sie dieses Glücksgefühl. Na gut, wir haben natürlich ein bisschen was getrunken, bisschen Champagner und Wein. War 'ne tolle Stimmung. Aber als ich eben aufwachte, war es immer noch da. Jetzt wird alles besser. Wir werden es schaffen.

Augenblick mal, was ist denn jetzt los? Das glaub ich einfach nicht: Da fliegt Laub gleich säckeweise über unsern Gartenzaun. Nicht zu fassen. Das ist die Greiser. Jetzt ist sie endgültig wahnsinnig geworden, geht das jetzt schon wieder los …

Verdammt, das Telefon. Ja, hallo, hier bin ich. Wer ist da? Was für eine Rechnung? Den Primacall-Vertrag? Ich habe keinen Vertrag mit Ihnen. Und wenn ich hundertmal am Telefon Ja gesagt habe. Ach lassen Sie mich doch zufrieden! Päng! Das ist doch Betrug, das ist kriminell, was die mit mir machen.

Dabei fällt mir ein: die Heizkosten! Die haben die Heizkosten um fünfzig Prozent erhöht. Nur weil sie das Monopol haben. Wenn ich nicht bezahle, drehen sie uns das Gas ab. Da kommt einem doch die Idee: Man müsste mal 'ne Bombe ins Gaswerk werfen!

Und dabei war alles grade noch so schön. Wir waren doch alle Brüder. Wie hatten uns doch alle lieb.

Ach Gott, mir brummt der Schädel.

Ich glaub, ich werde langsam wieder nüchtern.

Blumen per E-Mail

Ach, war das aufregend früher: wenn wir Kinder Blumen klauten für den Muttertag! Am liebsten natürlich Flieder. Meine Schwester und ich hatten uns die Fliederbäume in der Nachbarschaft gemerkt, an die man einigermaßen gut herankam. Und dann in der Dämmerung: los mit Messer und Kneifzange – Gartenschere hatten wir noch nicht. Vorsichtig schlichen wir dann zurück – den großen Fliederstrauß hinterm Rücken. Und am nächsten Morgen war die Freude groß. Wir waren stolz auf unseren Mut und unsere Mutter war begeistert: Ach, wie herrlich sie duften – die Blüten des Flieders.

Woher wir die hatten, fragte sie lieber nicht.

So was ist inzwischen unmodern. Die Töchter und Söhne von heute – jedenfalls die etwas älteren – gehen mal kurz an ihren PC – geben den nächsten Blumenhändler ein, Kreditkarten-Nummer – und am nächsten Morgen klingelt der Blumenbote bei der Mutter: Herzlichen Glückwunsch zum Muttertag. Nur schade, dass Mutter nicht selbst einen PC hat – dann könnte man ihr gleich eine Muttertags-Blumenkarten-Mail schicken. Oder einen Gutschein für ein halbes Pfund Blumen, das sie sich bei ihrem Blumenladen abholen kann.

Sogar unter Liebenden schickt man sich heute Internet-Blumen. Schiller würde in seiner Glocke schreiben:

„Errötend folgt sie ihm ins Bett,
von seiner SMS beglückt.
Er hatte übers Internet
die schönsten Blumen ihr geschickt."

Revolution

Bei der Post steht eine Revolution bevor. Sie haben es vielleicht schon gehört: Die wollen jetzt eventuell Briefe per Internet verschicken, sogenannte E-Mails.

Die sensationelle Idee dazu hatte Postoberamtmann Carsten Müller. Er hat seinen Oberpostdirektor geweckt und durfte ihm folgenden Vortrag halten:

„Herr Direktor, als ich gestern Nachmittag bei meinem sechsjährigen Sohn Hendrik im Kinderzimmer war, da habe ich gesehen: Man kann jetzt Briefe, also Mitteilungen an Empfänger, einfach so auf einen Fernsehbildschirm schreiben – also wissen Sie, ganz ohne Papier – und dann schreibt man noch die Adresse rein – und macht einmal klick – und dann ist der Brief schon verschickt und der Empfänger hat auch so einen Fernsehbildschirm und kann den Brief dann lesen."

„Blödsinn", sagte der Oberpostdirektor, „da muss er doch erst mal eine Briefmarke anlecken und dann zum Briefkasten gehen und den Brief da reinwerfen."

„Nein, Herr Direktor, das ist ja grade das Sensationelle. Ich habe ja meinen sechsjährigen Sohn gefragt. Er braucht keine Briefmarke, sagt er. Das geht alles übers Internet, hat er gesagt. Da fliegen die Briefe durch die Luft. Irgendwie elektrisch."

„Internet? Blödsinn", hat der Oberpostdirektor

gesagt. Dann hat er sich wieder hingelegt. Aber nun will er sich doch mal bei seinem sechsjährigen Enkel erkundigen, was das sein könnte: Internet.

Die Revolution bei der Post steht also unmittelbar bevor.

Sicher reisen

Karl Valentin soll einmal mit ernster Miene gesagt haben: „Gestern wär i fast von der Tram überfahren worden. Aber im letzten Augenblick bin i z' Haus blieben."

Da hat der Mann doch weise gehandelt. Zu Hause ist man am sichersten. Auch vor Autounfällen. Natürlich auch vor Flugzeugabstürzen. Wer gar nicht erst mitfliegt, stürzt auch nicht ab. Immer wieder liest man ja: Da ist ein Flugzeug abgestürzt. Aber einer der Passagiere hat überlebt, weil er zu spät am Flugplatz war. Ja, Fliegen ist sicherer als Autofahren. Die Wahrscheinlichkeit, abzustürzen, ist wesentlich geringer, als in einen tödlichen Autounfall verwickelt zu werden. Seit der spektakulären Notlandung auf dem Hudson River wissen wir sogar: Das Flugzeug kann auch mal im Wasser landen. Dann steigt man über die Tragflächen aus, holt sich nasse Füße. Bisschen kalt zwar – aber man überlebt.

Und doch gibt es eine Art zu reisen, die noch sicherer ist. Die mit der Deutschen Bahn nämlich. Die Wahrscheinlichkeit, mit der Bahn zu verunglücken, ist in unserem Lande praktisch gleich Null. Man kann zwar vom Bahnsteig auf die Gleise stürzen – aber das ist nicht weiter schlimm, denn ein Zug kommt sowieso nicht. Man hat auch gar keine Fahrkarte. Denn die Fahrkartenautomaten haben ihren Geist aufgegeben und am Schalter gibts auch keine Karten. Dann steht man zwei, drei Stunden auf dem Bahnsteig und wartet. Man führt interessante Gespräche mit anderen Möchtegern-Reisenden. Der Zug kommt immer noch nicht. Also geht man dann irgendwann einfach wieder nach Hause. Denn zu Hause ist es am sichersten.

Wir sind Papst

Sind wir nicht großartig? Das muss doch nun auch die bösesten Kritiker der Kirche – vor allem der katholischen – überzeugen. Wir haben es nun verboten, dass Homosexuelle Priester sein dürfen. Ja, wir! Sie auch. Denn wir sind doch alle Papst. Und Benedikt hat mal wieder für uns gesprochen.

„Homosexuelle Akte", sagt seine Heiligkeit, „sind laut katholischem Katechismus eine schwere Sünde, sie stehen im Gegensatz zum Naturgesetz."

Ich finde es ja sowieso schon immer so erhellend, wenn diese Sachverständigen sich zu sexuellen Themen äußern – die sachverständigen Vertreter des katholischen Klerus. Eben weil sie sich jeder sexuellen Betätigung zu enthalten haben, können sie sich ja so unvoreingenommen damit beschäftigen. Wer von uns hat zum Beispiel schon genügend Erfahrung im sexuellen Verkehr mit Kindern und Jugendlichen? Da können wir mit den Priestern auf gar keinen Fall mithalten. Weil ja auch bei einfachen Bürgern, denen zum Beispiel die Verführung Minderjähriger nachgewiesen wird, immer gleich ein großes Geschrei angestimmt wird, sodass sie dann häufig ihre Praktiken nicht fortführen können. Während die Sachverständigen in diesen Praktiken, also Priester in aller Welt, von Österreich und Deutschland bis nach Amerika, zumindest immer noch Monate und Jahre im Amt belassen werden und weitere Erfahrungen sammeln können. Daher wissen sie nun endlich auch, dass homosexuelle Tendenzen eine schwere Prüfung sind – wie viel mehr dann noch solche Tendenzen mit minderjährigen Jungen und Mädchen oder gar Kindern. Da haben uns die Gottesdiener nun wirklich erhebliche Erfahrungen voraus. Und so können wir uns nun endlich selber zurufen (uns selber, denn wir sind ja Papst): Selbsterkenntnis ist der erste Weg zur Besserung. Und ich bin sicher, dass der Heilige Vater auch den Rat, den ich immer meinen Kindern gebe, unterschreiben würde:

„Kinder, wenn ihr eine Kirche seht, macht lieber einen großen Bogen drum herum. Denn da wohnen oftmals Leute mit sexuellen Problemen. Und ich möchte nicht, dass euretwegen einmal einer von denen – in eine andere Gemeinde versetzt werden muss."

Die abstrakte Gefahr

Und dann kam plötzlich das Gerücht auf: Bin Laden schickt uns die Pocken!

„Aufgepasst vor den Pocken! Es besteht zwar keine akute Gefahr – aber dafür eine abstrakte!" So jedenfalls warnte eine Staatssekretärin aus dem Bundesgesundheitsministerium: „Es besteht lediglich eine abstrakte Gefährdungslage" – man könnte also auch sagen: Es besteht die Gefahr, dass wir uns rein abstrakt mit den Pocken anstecken.

Eine tatsächliche Gefahr besteht zum Glück überhaupt nicht. Aber abstrakt sind bereits Regierung und Opposition und Presse und Bevölkerung vollkommen pockenverseucht. Noch nie haben sich die Pocken so rasend schnell ausgebreitet wie in diesen Tagen. Abstrakt gesehen natürlich nur. Weil ja in der Realität nicht die geringste Gefahr besteht, es gibt überhaupt keinen Hinweis, nicht den geringsten Anlass einer Vermutung. Aber abstrakt ist es eine wahre Katastrophe.

Die Pocken entstellen ja das menschliche Antlitz vollkommen – und das sieht man auch bereits an der Physiognomie zum Beispiel einer Parlamentarischen Staatssekretärin, wenn sie in der Fragestunde des Bundestages sagt: „Es herrscht eine abstrakte Gefährdungslage ...", aber sie halte die „haarspalterische

Debatte darüber, wie denn die Gefährdungslage nun wirklich sei, für wenig zielführend" – ja, da sieht man schon in den Augen: So ein Mensch ist bereits so infiziert, dass er selber nicht mehr weiß, wovon er eigentlich spricht.

Dagegen redet die Opposition von „veranwortungslosem Schmierentheater" – und zwar vollkommen konkret und kein bisschen abstrakt. Achtung, liebe Leserinnen und Leser: bitte sich sofort flach auf den Boden legen! Die Außerirdischen sind da! Na ja, noch nicht wirklich. Aber rein abstrakt gesehen, wäre es doch möglich. Und rein abstrakt kann man sich ja auch schon mal hinlegen. Man weiß ja nie, wozu das gut ist.

Tödliche Schokolade

Ach, das ist ja interessant: Schokolade hat also viele Kalorien. Wären Sie jemals darauf gekommen? Nein, woher denn? Wie soll man denn das ahnen! Und Bonbons haben ganz besonders viel Zuckergehalt! Sagt uns die deutsche Verbraucherzentrale. Und Kalbsleberwurst zum Beispiel – ja, die hat besonders viel Fett. Hätte ich doch nie gedacht. Wie soll man denn das auch ahnen, wenn es nicht da draufsteht. Und das ist nämlich das Schlimme: Viele Hersteller verschweigen die Kalorien. Schreiben auf Schokolade einfach nicht drauf, dass Schokolade dick macht.

Meine Frau wusste das aber trotzdem irgendwoher. Immer wenn ich mal Pralinen mitbrachte (ja, das kommt schon alle fünf Jahre mal vor), dann sagte sie immer: „O, das ist so gemein von dir. Die machen doch dick. Du weißt ganz genau, wie gern ich die esse. Ich kann doch nicht widerstehen." Ja, woher wusste sie das – wo es doch gar nicht draufstand? „Lebensmittelhersteller verschweigen Kalorien", melden die Verbraucherschützer. „Auf fetthaltigen Lebensmitteln wie Wurst und Käse fehlen häufig die Kalorienangaben."

Ja, das möchten nämlich die Verbraucherschützer, dass jetzt auch auf Schokolade und Bonbons und Käse und fetter Leberwurst draufsteht: „Leberwurst kann tödlich sein! Schokolade bringt dich um!" Schon hat man ein schlechtes Gewissen, wenn man Schokolade isst.

Da macht das Leben ja bald keinen Spaß mehr.

Und dabei heißt es doch: Alles Schöne im Leben macht entweder duhn oder dick!

5

Auch ich war gedopt!

Bleibeprämie

„Chef, ich möchte kündigen."

„Um Gottes willen, Herr Wedelmeier. Warum denn?"

„Na ja, ich habe ja an entscheidender Stelle mitgeholfen, unsere Bank in den Abgrund zu steuern. Und darum dachte ich ..."

„Ach, und deswegen haben Sie jetzt ein schlechtes Gewissen? Das müssen Sie nicht. Wir schätzen Sie doch als Mitarbeiter."

„Danke, Chef. Aber trotzdem ..."

„Nein, mein Lieber, Sie müssen das mal ganz anders sehen. Schleswig-Holstein und Hamburg haben uns doch jetzt vier Milliarden zugesagt. Das haben wir doch in gewisser Weise auch Ihnen zu verdanken."

„Ja schon, Chef. Aber ich wollte kündigen, weil ..."

„Großartig, wie Sie das gemacht haben, Wedelmeier, wie Sie mit all diesen obskuren Papieren herumgezockt haben, sodass kein Einziger im Aufsichtsrat überhaupt noch einen blassen Schimmer davon hatte, was da eigentlich läuft, das war doch genial ..."

„Ja, ich weiß, aber ich möchte trotzdem ..."

„Aber warum denn?"

„Ach, ganz einfach, Chef. Ich möchte gern mit meinem bewährten Fachwissen auch mal eine andere Bank zugrunde richten."

„Ach so, ja, das verstehe ich! Ich biete Ihnen aber hunderzwanzigtausend Euro Prämie, wenn Sie bei uns bleiben."

„Na schön. Und was soll ich hier machen?"

„Dasselbe noch mal, Wedelmeier. Wir machen doch alle so weiter. Hat doch auch so gut geklappt. Vier Milliarden vom Steuerzahler. Fast drei Millionen Boni für mich. Und für Sie jetzt hunderzwanzigtausend!"

„Na gut, Chef, meinetwegen. Mach ich das Ganze eben noch mal."

Angela als Einzige!

Aber selbstverständlich muss unsere Kanzlerin als Erste geimpft werden!! Wir brauchen sie doch. Sie ist doch alles, was wir haben. Niemand vermag es, wie sie, jedes neue Problem sofort anzupacken und dann mit Mut und Entschlossenheit liegen zu lassen. Was macht denn unsere Kanzlerin so stark? Ganz einfach: dass sie sich nie zu spontanen, unüberlegten Handlungen hinreißen lässt. Bekäme sie aber die Schweinegrippe – dann bestünde die große Gefahr, dass sie plötzlich und völlig unerwartet „Hatschiiii!" sagt – und dieses Wort dann nicht mehr zurücknehmen könnte.

Nein, Angela Merkel muss als Erste geimpft werden. Womit hat sie denn gerade in den letzten Wochen dieses Land so sicher und ruhig durch die Krise geführt? Ganz klar mit ihrer Abwesenheit. Ganz klar damit, dass sie sich nicht im Geringsten festgelegt hat, nicht für die Banken, nicht für die Rentner, nicht für die Krankenkassen, nicht für die Bauern, nicht für das Klima, nicht für dich und mich. Und gerade darum wollten sie doch zweiundsiebzig Prozent wieder zur Kanzlerin haben.

Hinzu kommt Angelas Charme als Frau, mit der betörenden Ausstrahlung einer uckermärkischen Gurkenkönigin. Ihre sexuelle Wirkung erkennen sowieso nur wir Männer: Der süße kleine Slick auf der Zunge, wenn sie von den „Menssen im Lande" spricht, macht mich immer ganz verrückt.

Nein, Angela muss nicht als Erste geimpft werden, sondern als **Einzige**!!

Wir, ihr geduldiges Volk, werden gern für sie niesen und husten und uns ins Bett legen, wenn sie nur weiterhin einfach so unsere Kanzlerin bleibt, ohne irgendwas falsch zu entscheiden beziehungsweise überhaupt was. (Und die Krankenkassen bräuchten nur eine einzige Spritze zu bezahlen und wären auch wieder fein raus.)

Alles super!

Ist es nicht super? Ist es nicht alles super super? Wir haben eine Superregierung. Eine Superkanzlerin. Freudestrahlend verkündet sie uns: So viel Schulden wie gerade jetzt haben wir ja noch nie gehabt. Super, super! Wir haben eine Superkrise, einfach toll, einfach super! Extra dafür haben wir ein Superpaket geschnürt. Ein Superrettungspaket. Mit irgendwie 'ner Bremse drin. Schuldenbremse drin. Super sowas! Noch nie haben wir so viele Milliarden überall in der Gegend verteilt. Noch nie! Wir sind die größten Schuldenmacher seit Menschengedenken! Einfach super. Wir stehen dem Superabgrund so nahe wie noch nie. Alles geht pleite um uns herum, ist das nicht super? Kein Mensch weiß, wo das enden soll. Aber gerade das ist doch so super.

Der Jugend rufen wir zu: Eure Zukunft liegt jetzt ganz klar vor uns: Ihr müsst unsere Superschulden bezahlen. Ist das nicht super? Endlich habt ihr ein großes Ziel, ein Superziel: bezahlen, bezahlen. Das Leben ist nicht mehr sinnlos.

Nein, ihr habt eine Superaufgabe. Fünfzig Jahre lang dürft ihr die Suppe auslöffeln, die wir euch eingebrockt haben, damit ihr wisst, zu was ihr auf der Welt seid. Super, einfach super.

Niemand soll uns nachsagen, dass wir kleinlich oder bange waren. Nein, wir waren super. Im Schuldenmachen haben wir jetzt den Weltrekord. Da liegen wir ganz vorne, super.

Übrigens, ihr Hartz-IV-Kinder da – jetzt hört aber mal auf mit dem Gezeter: Mit euch fängt sie doch an, die Zukunft, auf die wir unsere Schulden aufbauen. Ihr dürft gleich mal damit anfangen, sie wieder abzutragen. Das ist jetzt die große Aufgabe für euch, die Jugend. Ja, Jugend von heute, es widerfährt euch eine große Ehre: Das Rettungspaket, Mädels und Jungens, das Rettungspaket, das seid nämlich ihr. Ihr dürft von nun an Deutschland retten. Super! Echt super, oder?

Alles für die EU

Frau Ingrid Schuhmacher – Gattin des Europaabgeordneten Erich Schuhmacher – ging gestern, als ihr Mann aus Straßburg nach Hause kam, gleich auf ihn los:

„Was machst du da in Straßburg im Hotel, du geiler Bock, die Hurengänger, du! Ich hab das alles gelesen. Wie oft hast du das schon gemacht? Mit wem hast du gestern gebumst!?"

„Aber Liebling, das ist doch alles nur eine Hetzkampagne. Wir EU-Abgeordneten erfüllen doch da unsere Pflicht."

„Fang nicht so an! Ich habe Fotos gesehen, wo so eine Edelnutte aus dem Mercedes steigt und von dir abgeholt wird!"

„Ja, sicher, mein Schatz, das stimmt doch auch. Aber ich habe doch nichts Schlimmes mit ihr gemacht!"

„Du Lustmolch, sie war zwei Stunden bei dir auf dem Zimmer."

„Ganz recht, mein Schatz. Und was habe ich gemacht? Ich habe sie genau vermessen. Ihre Körbchengröße, ihren Hüftumfang, ihre Beinlänge. Das muss ich doch alles wissen, damit wir eine europäische Norm für den gewerblichen Einsatz des weiblichen Körpers erarbeiten können. Das sind doch Gewerbetreibende, die müssen doch nach Handelsklassen unterschieden werden, damit kein unlauterer Wettbewerb entsteht. Das muss alles genormt werden. Natürlich auch die Dauer der Dienstleistung bis zum Eintreten des Erfüllungszustands. Ich opfere mich da auf, mein Schatz. Wir sind immer alle völlig fertig, wenn wir nach Brüssel zurückkehren!"

Fau Ingrid Schuhmacher hat das einfach nicht geglaubt, hat ihren Erich rausgeworfen und ihm noch einen Tritt in den Hintern und eine Ohrfeige verpasst – alle beide: ungenormt.

Der Krieg und der Frühling sind da

Wird ja wohl in der Bibel stehen: Die Sonne scheint über Gerechte und Ungerechte. Das kann doch eigentlich nur heißen: Der Sonne ist es absolut egal, weswegen sich die Menschen gegenseitig die Schädel einschlagen oder auf bestialische Weise umbringen. Sie scheint einfach weiter, die Sonne. Irgendwie doch beschämend.

Es ist so schönes Wetter draußen. Auf alten Schlachtengemälden und auf Fotos von den Weltkriegen sieht man oftmals: War schönes Wetter. Morgens haben die Vögel gesungen, die Blumen haben versucht zu blühen – bevor es dann losging mit Geschützdonner und Bombenqualm.

Wenn jetzt der Frühling wieder ausbricht, wie er das noch in jedem Jahr getan hat – auch in der Nazizeit – ist das für mich wirklich wieder ein Zeichen: Mit der Menschheit stimmt was nicht.

Aber eine Hoffnung gibt es: die Jugend von heute. Mit einem Mal sehen viele ein: Die sind ja gar nicht so uninteressiert an Politik, wie es ihnen immer nachgesagt wurde. Die gehen auf die Straße, nicht weil sie von irgendwelchen Einpeitschern und Vorbetern dazu aufgerufen wurden – sondern tatsächlich aus sich heraus. Die Jugendlichen halten Friedenswachen, pin-

154

seln Plakate, malen sich die Wangen weiß und reden über Völkerrecht und die Machtverteilung in der Welt. Sie sind groß geworden mit der Erziehung, die ihnen beigebracht hat, dass man Konflikte friedlich löst – und sie wenden das, was sie gelernt haben, auf die große Politik an. Was will man eigentlich mehr?

Die Jugend ist der Frühling der Menschheit. Hoffentlich hält er, was er verspricht.

Warme Gedanken

Ich denke gerade an Eisblumen an den Fensterscheiben. Hab ich lange nicht gesehen.

Besonders jetzt bei der Hitze kühlt mich dieser Gedanke so schön. Ach, und damit uns die Füße nicht erfroren, steckten wir so kleine Heizbeutelchen in die Schuhe, die wärmten etwas. Und den Kochturm hatte meine Mutter sich gebaut: Unten auf der Gasflamme am Gasherd kochten die Kartoffeln, aber darüber standen noch drei Töpfe, die von der Hitze etwas abbekamen: die Erbsen und Wurzeln und die Brotsuppe. Den Topf mit den heißen Kartoffeln stellte meine Mutter dann ins Bett. Da blieben die Kartoffeln länger heiß. Das Schlafzimmer wurde natürlich nicht geheizt. Wir legten einen heißen Mauerstein rechtzeitig abends ins Bett, das musste genügen.

Ach ja – das waren schöne Zeiten. Keiner jammerte über zu hohe Heizkosten. Kohle gabs ja sowieso nicht. Die musste man sich am Güterbahnhof vom Zug klauen als Kohlenklau.

Aber diese wunderschönen romantischen Zeiten kommen jetzt ja Gott sei Dank bald wieder. Die SPD mit Hilfe ihres ehemaligen Berliner Finanzsenators Thilo Sarrazin möchte das alles wieder einführen. „Im Winter einfach mal einen Pullover anziehen, anstatt das

Zimmer auf zwanzig Grad zu heizen!" Richtig! Wunderbar. Ich zieh meinen Pullover jetzt schon an, im Sommer. Dann kann ich mich im Winter daran erinnern, wie ich es im Sommer mal so richtig schön warm hatte. Man muss nicht immer gleich heizen. Es genügt doch, sich ein paar warme Gedanken zu machen, Herr Sarrazin.

Der SPD laufen die Mitglieder weg. Das gehört aber wohl zu den Sparmaßnahmen des SPD-Vorsitzenden. Bald hat er die ganze SPD weggespart. Na, bitteschön: Die braucht man ja auch als kleiner Mann gar nicht mehr.

Nur den Herrn Sarrazin, den möchten wir bitte behalten! Der heizt so schön die Gemüter an!

Verdächtig, verdächtig!

Manfred R. aus Reutlingen hat sich bei mir an der Theke beschwert: „Ich bin bei der Deutschen Bahn als Schalterbeamter angestellt. Die haben jetzt überprüft, ob ich irgendwie mit Zulieferern in Verbindung stehe. Das finde ich so gemein. Ich wusste das gar nicht, dass man sich da noch was nebenbei verdienen kann, wenn man zum Beispiel die Aufträge für die Räder vermittelt und dafür 'ne Provision kriegt. Da muss ich mich jetzt mal dringend drum kümmern. Warum sagen die einem das nicht, bevor sie einen überprüfen?"

Ja, Pech gehabt. Dabei hatte ich oft schon gedacht, die wissen das längst, die Bahnangestellten, dass sie alle überprüft werden. Deswegen kommen sie zum Beispiel im IC immer drei- und viermal – meistens wenn ich grade eingeschlafen bin – und wecken mich: „Fahrkarten, bitte." – „Aber Sie waren doch schon zweimal da?" – „Fahrkarten, bitte!" – Und dann machen sie schlecht gelaunt noch ein drittes Loch in meine Fahrkarte.

Sogar die Fahrkartenautomaten haben schlechte Laune. Von Hamburg nach Flensburg wollen Sie? Ausgerechnet heute noch? Warum denn? Und wenn ja, zu welchem Fahrpreis? Ich könnte ihnen drei verschiedene ausrechnen. Aber ich hab gar keine Lust dazu. Fahren Sie doch mit dem Auto. Die werden alle überwacht, die Automaten, und wehe, sie funktionieren, dann werden sie durch Beamte ersetzt.

Auch als Fahrgast steht man unter strengster Beobachtung. Fahrgäste, die eine Platzreservierung gebucht haben, werden immer alle zusammen möglichst in einem Waggon untergebracht, dicht an dicht. Damit man sie besser beobachten kann.

Und wehe, Sie kommen mal in irgendeiner Stadt pünktlich mit der Bahn an. Dann werden Sie sofort registriert – als verdächtige Ausnahme!

Vaterschaftskomplexe

Eines meiner Kinder ist nun wirklich aus der Art geschlagen. Ich werde hier natürlich nicht verraten, welches. Ich habe auch noch nie an der Treue meiner Frau gezweifelt. Ich bin zwar viel zu viel unterwegs. Und so gesehen, ist meine Ehe geradezu prädestiniert dafür, dass einmal etwas vorgekommen sein könnte. Meine Frau ist ja schließlich auch nur ein Mensch, und was noch verdächtiger ist: eine Frau. Und wenn ich dauernd nicht zu Hause bin ...

Verdammt noch mal: Nie habe ich solche Gedanken gehabt. Aber jetzt – alles redet andauernd vom Vaterschaftstest und dass jetzt ein Gesetz geschaffen werden soll, damit der Mann auch ganz legal die Möglichkeit hat, einen DNA-Test machen zu lassen.

Alle meine Kinder sind wahre Schönheiten und hochintelligent. Insofern habe ich nicht den geringsten Verdacht, dass sie nicht von mir sein könnten. Aber die eine Tochter – nicht zu glauben: Sie schwärmt für Bayern München und findet Uli Hoeneß sympathisch – wir liegen uns dauernd in den Haaren.

Also war ich schon im Bad und wollte mir mal ein paar Haare von ihr aus dem Kamm rauspuhlen.

Aber da befiel mich plötzlich ein Schreck. Neulich hat meine Frau doch mal gesagt:

„Der Jürgen", also der Junge von Manuela und Heinz (das sind Freunde von uns, die wir schon Jahrzehnte kennen), „der hat genauso blaue Augen wie du. Da muss ich immer an dich denken."

Ich wollte damit nur sagen: Bei dieser ganzen Vaterschaftstesterei – da könnte ja nicht nur herauskommen, wie viele Kinder nicht von mir sind, sondern auch, wie viele ich außerdem noch habe – und ich weiß gar nichts davon.

Also nee, ich glaub, ich lass das lieber mit dem Test.

Valentinstag

Liebesgrüße auf Bestellung, nur weil es sich so gehört oder weil die Blumenfabrikanten daran verdienen – nein, das mache ich nicht mit. Ich muss mich doch nicht von cleveren Geschäftsleuten daran erinnern lassen, dass ich meiner Frau mal wieder ein paar Blumen schenken sollte. Darauf komme ich auch ganz von allein.

Ich gebe ja zu, es ist schon ein paar Wochen her oder Monate oder meinetwegen auch ein Jahr, dass ich ihr so ganz spontan einen Blumenstrauß mitgebracht habe. Aber der kam dann auch wirklich von Herzen. Meine Frau ist auch dieser Meinung: „Wenn du mir nur wegen des Valentinstages einen Blumenstrauß mitbringst, dann lass es lieber gleich", hat sie gesagt. Sie hasst solche Massenaktionen genau so wie ich. So etwas hat unsere große Liebe nicht nötig, sagt sie.

Heute morgen beim Frühstück rief nun unglücklicherweise Tina an, die Freundin meiner Frau. Sie sagte, sie hätte einen Blumenstrauß von ihrem Mann zum Valentinstag bekommen. „Das finde ich so süß von ihm", hat sie noch gesagt. Und er hätte ihr erklärt: „Wenn an so einem Tag alle Frauen einen Blumenstrauß bekommen, dann darf meine Frau doch nicht leer ausgehen!" Verräter! „Was sagst du denn dazu?", frage ich meine Frau. – „Ach, ich find es auch ganz süß von ihm", hat sie gesagt.

Mein Gott, es ist wirklich schwer heutzutage, standhaft zu bleiben. Ich bin dann noch mal los und hab einen besonders großen Blumenstrauß gekauft. Aber spontan, aus eigenem Entschluss und von Herzen. Mit dem Valentinstag hat der überhaupt nichts zu tun.

Urlaubsvorbereitungen

Walther Mertens und seine Frau, unsere Nachbarn, sind in Urlaub gefahren. Ich hab zugeguckt, was der Mertens alles ins Auto gepackt hat. Zuerst hat er einen großen Taucheranzug angeschleppt.

„Falls ein Tsunami kommt. Meine Frau sagt: Dagegen müssen wir gerüstet sein. Am Mittelmeer gibt es zwar keinen Tsunami. Aber sie sagt: Grade darum. Keiner rechnet damit. Und dann kommt er."

Er hat auch Riesenmoskitonetze eingepackt. „Falls eine Mückenplage kommt. Oder eine Heuschreckenplage wie vor drei Jahren. Als Urlauber muss man auf alles vorbereitet sein. Jeder Urlaub ist ein lebensgefährliches Abenteuer. Diebe und Mörder lauern überall. Darum habe ich auch Pfefferspray eingepackt und einen Baseballschläger als Waffe. Eine kugelsichere Weste nehmen wir auch mit. Wir brauchen auch einen Kocher, um das Wasser abzukochen, einen Feuerlöscher, damit man sich gegen die Flammen verteidigen kann beim Waldbrand; eine Atemmaske, wenn ein Vulkan ausbricht und die Luft nur noch voller Schwefeldämpfe ist. Andauernd liest man, dass eine Fähre gesunken ist. Wir nehmen unser eigenes Gummi-Rettungsboot mit. Bläst sich selbst auf."

Und am wichtigsten, sagt Herr Mertens, sagt seine

Frau: „Immer ein Exemplar vom Koran dabei haben. Wenn islamistische Terroristen uns als Geiseln gefangen nehmen, verschonen sie uns dann vielleicht."

Sie haben auch jeder einen Fallschirm mit. „Man weiß ja nie, ob das Flugzeug plötzlich ein Loch hat oder eine Tür rausfällt."

Und eine Liste mit Adressen von Hubschrauber-Notrettungspiloten haben sie dabei. Ist ja logisch: Jeder dritte Urlauber wird doch heute irgendwo mit dem Hubschrauber rausgeholt.

Ja, wer in Urlaub fährt, muss auf alle Fälle vorbereitet sein!

Auch ich war gedopt!

Jeden Tag rechne ich damit, dass nun auch Jan Ullrich zugibt, gedopt zu haben. Dann wäre ich der Einzige, der sich noch nicht selbst angeklagt hat. Darum muss es heute sein! Ja, ich klage mich an:

Auch ich habe jahrelang meine Freunde getäuscht. Sie haben mich bewundert für meine Leistungsfähigkeit. Besonders die Frauen haben zu mir aufgeblickt und mich angehimmelt. Und immer habe ich abgestritten, Aufputschmittel genommen zu haben.

Heute aber kann ich nicht mehr anders: Ich gestehe! Meine Freunde werden tief enttäuscht sein. Meine Frau wird mich vielleicht verlassen, wenn sie erfährt, dass alles auf Manipulation beruhte, meine Geliebte wird mich verachten – aber ich kann nicht mehr, ich brauche meinen inneren Frieden zurück:

Ja, auch ich habe Viagra genommen! Das ist das ganze Geheimnis meiner enormen sexuellen Leistungen!

Ich weiß: Es gibt keine Entschuldigung. Frauen haben mich geradezu angebetet. Sie haben sogar ihre jüngeren Männer meinetwegen verlassen und mir gesagt: So glücklich wie du hat mich noch keiner gemacht! Aber es war eine Täuschung. Ich war es nicht selbst, es war Doping. Unter Tränen muss ich es jetzt all den vielen Frauen gestehen, die zu mir aufgeblickt haben.

Wenn es überhaupt eine Entschuldigung für mich gibt, so höchstens diese: Bei dem enormen sexuellen Leistungsdruck, unter dem alle Männer heute stehen und besonders die über Sechzigjährigen wie ich, blieb mir gar nichts anderes mehr übrig. Wenn meine Freunde mit Spitzenzeiten von fünfzehn bis zwanzig Minuten (und das zweimal in der Nacht) prahlten, wusste ich, dass ich da niemals ohne Doping würde mithalten können. Die Frauen hätten mich genauso als Schlappschwanz fallen lassen, wie sie es mit vielen meiner Altersgenossen getan haben – die alle nur noch Golf spielen.

Ja, ich gestehe: Auch ich war gedopt!

Tapfer, tapfer!

O Mann, sind wir in Deutschland alle tapfer! Vier deutsche Soldaten haben neulich die Tapferkeitsmedaille für ihren Einsatz in Afghanistan bekommen.

Dabei gibt es doch noch viel mehr Zeitgenossen, die ganz furchtbar tapfer waren.

Ich fordere: Tapferkeitsmedaille für Tuomo Hatakka, Vorstandschef von Vattenfall. Hinter ihm bricht das Kernkraftwerk zusammen. Er aber: „Mein Fazit ist klar und deutlich: Krümmel ist sicher!" Welch ein tapferer Mann.

Ich fordere die Tapferkeitsmedaille für unsere Kanzlerin. Eine Katastrophenmeldung nach der andern. Aber sie steht da, unerschütterlich und tapfer: „Ich habe keinen Zweifel daran, dass alle deutschen Kernkraftwerke sicher sind!" Welch eine tapfere Frau!

Ich fordere die Tapferkeitsmedaille für alle Regierungschefs des G-8-Gipfels in Aquila. Tapfer besichtigten sie die Erdbebenopfer und die Trümmer. Dann fuhren sie tapfer wieder weg. Tapfer gelobten sie vorher noch schnell: Die Erderwärmung wird von uns gestoppt! Irgendwie. Irgendwann. Welch tapfere Frauen und Männer!

Ich fordere die Tapferkeitsmedaille für die Spitzen-Nebenverdiener der Bundestagsabgeordneten: Sie sind alle so besorgt über den Schuldenabgrund des Landes, aber noch nie haben sie sich so viel nebenbei verdient wie in den letzten drei Jahren – die Herren Merz und Riester, Westerwelle und Biedenkopf und wie sie alle heißen! Tapfer trotzen sie dem Neid der Bürger!

Tapferkeitsmedaillen für alle Politiker und Aufsichtsräte. Jedes Mal, wenn neue skandalöse Nachrichten auftauchen, haben sie von nichts gewusst und behaupten tapfer: Wir nicht! Die anderen haben es gewusst. Tapfer, tapfer, tapfer streiten sie alles ab!

Und wir Steuerzahler zahlen und mucken nicht mal auf – mein Gott, wie sind wir alle tapfer!

Und Sie persönlich, lieber Leser? Sie fahren jetzt in den Urlaub? Vierzig Kilometer Stau auf der Autobahn. Und Sie mitten hinein?

Tapfer, kann ich da nur sagen. Tapferkeitsmedaille!

Sodbrennen

Ja, zu dem Protest der Ärzte, da muss ich nun mal ganz klar Stellung nehmen: Die Ärzte haben absolut Recht. Die müssen doch viel besser bezahlt werden. Es ist doch vollkommen in Ordnung, dass sie jetzt schon aus nackter Not heraus von den Patienten hundert Euro Vorauszahlung verlangen. Was sollen sie denn machen, die armen Ärzte?

Unter uns, liebe Leserin, lieber Leser: Ich habe Magenschmerzen und ein chronisches Sodbrennen, ich muss morgen zum Arzt. Er muss mir helfen. Ich bin auf ihn angewiesen. Ich habe Angst, wenn ich irgendetwas Kritisches über die Ärzte schreibe und er liest das ... Sie verstehen schon, ja?

Da gibt es doch nun tatsächlich Leute, die gehen richtig auf die Ärzte los. Hundert Euro Vorauszahlung? Und wer die nicht zahlen kann, muss sterben? Wie vereinbart sich denn das mit dem Hippokratischen Eid? Ja, so lauten diese einfachen Argumente der Kritiker. Aber da sage ich doch: Wenn der Arzt verhungert, kann er uns erst recht nicht mehr helfen!

Das habe ich gut gesagt, was? Wenn mein Arzt das liest, wird er sich freuen. Ich werde ihm diesen Artikel sogar mitbringen, damit er ihn vor meiner Behandlung liest. Dann wird er auch ganz bestimmt mehr als drei Minuten Zeit für mich haben.

Ja, da gibt es Zeitgenossen, die sagen: Ärzte verdienen durchschnittlich hundertzwanzigtausend Euro im Jahr. Ist das etwa nicht genug? Natürlich nicht! Sie sollen ruhig zweihundert Euro Vorauszahlung verlangen! Ärzte haben immer Recht!

Ich hoffe, das genügt jetzt, damit ich dieses verdammte Sodbrennen loswerde!

Rauchen wieder erwünscht!

Übrigens: Ich rauche jetzt wieder. Die Beibehaltung der alten Rauchergewohnheiten ist die richtige Antwort auf die augenblickliche schwierige Situation in der Wirtschaft! Genau wie mit der Pendlerpauschale. „Die Beibehaltung der alten Pendlerpauschale ist die richtige Antwort auf die schwierige Situation in der Wirtschaft", hat die Merkel gesagt. Ich bewundere ihren Mut und ihre Entschlossenheit: „Was interessieren mich meine Entscheidungen von gestern! Die Pendlerpauschale haben wir doch nur für unsere geliebten Bürger gespart, damit wir sie ihnen jetzt zurückgeben können!" Das ist ganz große, geniale Politik. Überzeugungen sind dazu da, dass man sie wieder aufgeben kann. Eben noch wollte sie die Erde retten, das Klima und die Natur. Aber was solls? Die Verhältnisse, die sind nicht so. Einfach großartig, wie unsere Kanzlerin sich am Riemen reißt und mit Todesverachtung ihre verträumten ideellen Klimaverbesserungsideen wieder aufgibt. Was nützt es, wenn das Ozonloch verschwindet, aber alle sind arbeitslos? Durch diese blöden Raucherverbote wird doch nur die Wirtschaft geschädigt: die Zigarettenindustrie, die Werbung, die Pharmazie – und die Rentner leben noch länger. Also Leute, begreift das Gebot der Stunde: Eben noch wart ihr Raucher die Verfemten. Jetzt könnt ihr euch wieder um die Wirtschaft verdient machen. Es muss nur einer den Anfang machen. Was interessiert uns unser Geschwätz von gestern. Leute, gewöhnt euch das Rauchen wieder an. Mitraucher, begreift gefälligst: Es gibt höhere Ziele als eure Gesundheit.

Und was die Umwelt angeht: Das Hundekotbeseitigungsgebot bleibt bestehen! Na bitte. Das muss ja wohl genügen!

Schweinerei

Jetzt wurde also beim Europäischen Patentamt das Patent auf das Einheitsschwein eingereicht. Das Norm-Gen-Schwein! Ein Schwein soll werden wie das andere! Das darf doch wohl nicht wahr sein. Es war doch gerade das Schöne am Schwein, dass es in so unterschiedlichen Erscheinungsformen auftrat. Wohin man auch sah: überall die originellsten und einzigartigsten Schweine. Da lief ein Schwein als Minister herum (sogar mehrere Schweine als Regierungsmitglieder wurden gesichtet), ein anderes Schwein trat als Unternehmer auf (das Unternehmerschwein). Aber auch ein Gewerkschaftsschwein wälzte sich im Paragrafenkot herum. Es gab faule Schweine und dumme Schweine, arrogante Schweine und freche Schweine, Schweinchen Schlau und das dreckige Schwein, das unverschämte Schwein und das gewissenlose Schwein – es war eine wunderbare Vielfalt.

Die meisten Schweine waren verkleidet. Viele Schweine liefen in Uniform herum, häufig traf man ganz besonders phlegmatische Schweine in deutschen Amtsstuben an – sie steckten ihre Rüssel unlustig in die Akten und gaben höchstens einmal am Tag ein müdes Grunzen von sich. Es gab Schweine, die es bis zum obersten Richter gebracht hatten, so mancher hatte ein echtes, fieses Schwein als Chef, aber auch im engsten Verwandtenkreis entpuppte sich so mancher als Schwein, den man bis dahin nur für einen Esel gehalten hatte.

Und das soll nun vorbei sein? Wer will denn da jetzt die Schweine nur noch zu Einheitswurst- und Norm-schinken-Erzeugern nach dem Gen-Patent züchten lassen? Na, wer wohl: die Profitgier-Schweine von der Pharmaindustrie natürlich!

Hans Scheibner

1936 in Hamburg geboren, ist satirischer Schriftsteller, Kabarettist und Liedermacher. Nach ersten Erfolgen als „Lästerlyriker" wurde er vor allem mit seiner Sendereihe „scheibnerweise" bekannt. Mit zahlreichen Bühnenauftritten, CDs und Büchern begeistert er deutschlandweit das Publikum. Im Ellert & Richter Verlag erschien sein Klassiker „Wer nimmt Oma? Weihnachtssatiren".

Impressum

Bibliografische Information der Deutschen Bibliothek
Die Deutsche Bibliothek verzeichnet diese Publikation in der Deutschen Nationalbibliografie; detaillierte bibliografische Daten sind im Internet über http://dnb.ddb.de abrufbar.

ISBN 978-3-8319-0389-4

© Ellert & Richter Verlag GmbH, Hamburg 2009

Text:
Hans Scheibner, Hamburg
Illustration:
Heidrun Boddin, Hamburg
Gestaltung:
Büro Brückner + Partner, Bremen
Gesamtherstellung:
CPI books GmbH, Leck

Dieses Werk einschließlich aller seiner Teile ist urheberrechtlich geschützt. Jede Verwendung außerhalb der engen Grenzen des Urheberrechtsgesetzes ist ohne Zustimmung des Verlages unzulässig und strafbar. Dies gilt insbesondere für Vervielfältigungen, Übersetzungen, Mikroverfilmungen und die Einspeicherung und Verarbeitung in elektronischen Systemen.